Crète

Une île bénie des dieux ! Du soleil, de merveilleuses criques sauvages, des eaux cristallines, des gorges spectaculaires, des champs d'oliviers à perte de vue... L'île natale de Zeus détient les plus belles légendes, d'Europe au Minotaure... Les Minoens ne s'y sont pas trompés, qui fondèrent ici une brillante civilisation antique. Tout autant séduits, Grecs, Romains, Byzantins, Vénitiens et Turcs ont rivalisé de créativité, pour preuve ces sites archéologiques, forteresses, églises et monastères, villages perdus dans les montagnes. Enfin, s'il y a bien une chose qui n'est pas une légende, c'est le sens de l'hospitalité des Crétois !

Il y a en Crète une sorte de flamme,
disons une âme, quelque chose
de plus fort que la vie et la mort.
Nikos Kazantzakis

SOMMAIRE

DES PRESSIONS EXQUISES

Des nombreux pressoirs de l'île naît la meilleure huile d'olive qui accommode tous les repas des Crétois mais accompagne aussi les grandes étapes de leur vie. Car ici, l'huile est considérée comme un breuvage sacré.

Texte **Lola Saba** Photo **Mathieu Martin Delacroix**

Champ d'oliviers de la famille Paraschakis, non loin de Melidoni

Il est tôt encore lorsque les premières camionnettes empruntent le chemin de la coopérative. Parfois, ce sont de simples triporteurs qui pétaradent dans le silence moiré du matin. La plaine de la Messara, surnommée "le verger de la Crète", bourdonne déjà des allers et venues des véhicules chargés jusqu'à la gueule de sacs boursouflés. Ils renferment ce que la Crète a de plus précieux : son "or vert" – les olives à peau douce et chair ferme. Les olives récoltées doivent être acheminées le plus vite possible au moulin et pressées dans les 24h pour conserver leur fraîcheur et leur arôme. D'octobre à janvier, le ballet est minuté chaque jour comme un départ de fusée à Cap Canaveral.

Il y a quelques heures à peine, les petites olives Koroneiki à forme ovale et pointue – la variété principale de l'île – étaient encore accrochées aux branches, lovées entre les feuilles qui jouent à cache-cache avec les rayons du soleil, offrant tantôt le vert foncé et opaque de leur face supérieure, tantôt le vert clair et argenté de leur face inférieure. Dans les champs qui s'étendent à perte de vue, les travailleurs, dès matines, ont déposé au sol de grands filets autour de chaque olivier. Avec une gaule en plastique équipée à l'extrémité d'une petite hélice, ils ont fait tomber les olives par brassées entières. Autrefois,

Maniée avec dextérité, la gaule fait tomber les olives sur les bâches installées au pied des arbres

Ils renferment ce que la Crète a de plus précieux : son "or vert" – les olives

c'était un grand bâton de bois qui servait d'outil mais les gestes des temps modernes ne diffèrent pas des gestes ancestraux, sur une île où l'on trouve des vestiges de pressoirs de l'époque minoenne, soit plus de 3 000 ans.

À terre, avec un râteau, ils ont séparé grossièrement les feuilles des olives avant de tirer les filets pour former un gros sac. D'arbre en arbre, tandis que le soleil chauffe la terre et épuise les corps, ils ont réitéré la manœuvre.

Au cours de leur maturation, les olives passent du vert au violet puis au noir

Lorsque la camionnette a finalement ployé sous le poids des sacs, ils ont pris le chemin de la coopérative pour laisser à d'autres ouvriers le soin de traiter leur précieuse cueillette. Dans la grande cour, on s'affaire déjà pour décharger les sacs, on pèse chacun, puis on les vide dans un grand entonnoir qui dépose la cueillette sur un tapis roulant où l'on sépare une dernière fois les feuilles des olives.

La machine à faire de l'huile peut alors se mettre en marche : les olives sont longuement broyées avec les noyaux. La pâte obtenue est ensuite pressée dans un décanteur qui sépare le solides du liquide avant qu'un nouveau processus de centrifugation permette d'extraire un élixir goûteux, dont le taux d'acidité, qui n'excède pas 0,8%, lui vaut le label "extra-vierge".

Les lourds sacs d'olives fraîchement ramassées sont apportés au pressoir

Une fois sortie du moulin, l'huile est mise au repos pour s'affiner quelques mois. Afin de garder un maximum de propriétés, elle n'est pas filtrée, et c'est le temps qui permet aux résidus de se déposer pour que naisse un liquide doré dont les vertus s'expriment dans tous les rites culinaires. L'huile est de tous les repas et de tous les plats. On frit la feta dans l'huile, on prépare la soupe de lentilles à l'huile, et l'on met même de l'huile dans les cookies au sésame ! Si bien que les Crétois sont réputés consommer 30l par personne et par an, quand les Grecs en usent 16l. C'est à cette consommation substantielle qu'ils doivent apparemment leur longévité puisque la médecine a, depuis longtemps déjà, constaté

ce produit vivant et bénéfique [...], comme le vin, a ses bons crus et ses mauvais, suivant le climat, le terroir, la variété, la maturité du fruit, le temps d'entreposage, les techniques de fabrication, ou l'assemblage...

Avant le pressage, il faut séparer les fruits des feuilles et branchages

L’or liquide, une huile extra-vierge

> la médecine a, depuis longtemps déjà, constaté les vertus du régime crétois [...] composé de beaucoup de fruits, de nombreux légumes et de cette fameuse huile extra-vierge

les vertus du régime crétois. Composé de beaucoup de fruits, de nombreux légumes et de cette fameuse huile extra-vierge pourvue de 70% d'acides gras mono-insaturés, il protège des maladies cardio-vasculaires tout en ayant un effet positif sur le taux de cholestérol. On dit même que l'huile d'olive, riche en antioxydants, préserve aussi nos cellules des radicaux libres, ce qui réduit les risques de cancer et de vieillissement.

Les Crétois vivent vieux, en bonne santé et en accord avec les dieux puisque dans le récit de l'Odyssée par Homère, l'olivier symbolise la force et la sagesse. L'huile d'olive constitue, d'ailleurs, un liquide sacré qui accompagne littéralement toutes les périodes de la vie. Dès le baptême, la coutume veut que le parrain enduise le corps du bébé d'huile et que les parents s'abstiennent de laver l'enfant trois jours durant. Lors des mariages, les promis échangent des couronnes de feuilles d'olivier. Aux funérailles, une fois le défunt dans sa tombe, le prêtre dessine une croix d'huile d'olive sur le cercueil...

L'huile est nourriture et onguent, symbole vénéré et orgueil insulaire aussi, tant il est présent dans le paysage local. S'il a le palais fin, un Crétois sait déterminer si l'huile vient de la région de Sitia, à l'extrême nord-est de l'île, où se succèdent gorges, plaines et côtes sablonneuses, ou bien si elle provient de la plaine de la Messara, située plus au centre, où les oliveraies sont entourées de plantations d'agrumes et d'herbes aromatiques sauvages, qui transmettent leurs parfums riches et complexes à l'huile. Les îliens sont capables de disserter des heures durant sur le goût spécifique de ce produit vivant et bénéfique, qui, comme le vin, a ses bons crus et ses mauvais, selon le climat, le terroir, la variété, la maturité du fruit, le temps d'entreposage, les techniques de fabrication, ou l'assemblage... Fiers des capacités de production qui se sont démultipliées ces trente dernières années, ils ne manquent pas de rappeler que sur les 14 huiles grecques protégées par une AOP, huit sont crétoises. Et chaque fois qu'ils le peuvent, ils embrassent du regard cette marée verte de 35 millions d'oliviers qui couvre plus d'un quart de la superficie de la Crète et qui fait d'elle la deuxième zone productrice de Grèce après le Péloponnèse.

Préparer son voyage

Eau turquoise pour navire bigarré

EN UN CLIN D'ŒIL

La Crète vue d'un satellite ou par le petit bout de la lorgnette : des chiffres et des données pour cerner l'identité de l'île natale de Zeus.

8 335km²

En superficie, la 5e île de la Méditerranée derrière la Sicile, la Sardaigne, Chypre et la Corse.

Sicile

Sardaigne

Chypre

Corse

Crète

1 000KM

C'est la distance à parcourir si l'on souhaite faire le tour de la Crète en suivant le littoral.

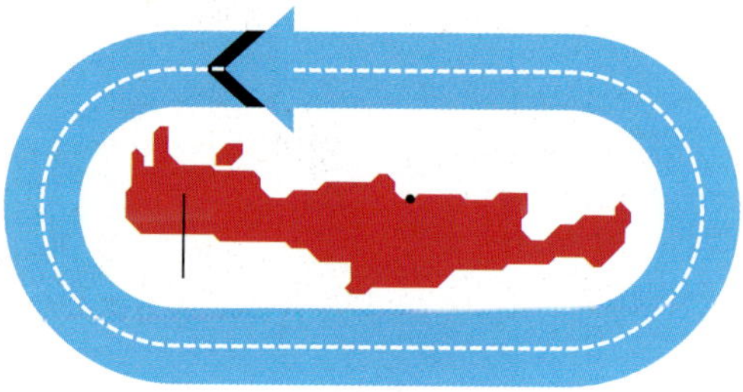

KRI-KRI

La Crète s'est choisi pour animal emblématique l'égagre, ou *agrimi* (*Capra aegagrus creticus*), une chèvre domestique redevenue sauvage, endémique de l'île. En crétois, le mâle est appelé *kri-kri* et la femelle *sanada*. L'île en abrite moins de 2 000 individus.

1913

C'est l'année où la Crète fut officiellement rattachée à la Grèce, dans le cadre de l'Enosis, cette politique visant à unir les différentes îles et régions où les Grecs étaient majoritaires.

POPULATION

632 000 habitants... auxquels s'ajoutent 2,8 millions de visiteurs/an.

3 250 ANS

C'est l'âge estimé de l'olivier de Kavousi, d'une circonférence de 14,20m.

45 MILLIONS

d'oliviers couvrent une large partie de l'île, fournissant plus de 1 million d'hectolitres d'huile par an.

3 000

C'est le nombre de grottes répertoriées dans l'île – une particularité due au sous-sol calcaire. Et c'est dans l'une d'elles, une caverne du mont Ida, que serait né Zeus, le dieu suprême de la mythologie grecque.

14 000

C'est le nombre de moulins à vent, en fait de petites éoliennes qui, réparties sur $24 km^2$, assuraient jadis l'irrigation du Lassithi, haut plateau de l'est de l'île surnommé le "jardin de la Crète". Condamnés à la ruine par les motopompes électriques puis par les éoliennes géantes, rares sont ceux qui sont encore debout. Mais quelques dizaines d'entre eux ont été restaurés.

PATRIMOINE RELIGIEUX

On recense environ un millier de chapelles, 203 églises et 74 monastères en Crète.

1541

Domenikos Theotokopoulos, dit le Greco, est né en 1541. Deux œuvres de ce peintre qui s'installa en Espagne sont exposées au musée d'Héraklion, sa ville natale.

★ LES INCONTOURNABLES

★**LE MUSÉE ARCHÉOLOGIQUE D'HÉRAKLION** (p.56) D'une incroyable richesse, il regorge de surprises et de trésors typiquement crétois. Une introduction indispensable avant toute visite des palais minoens.

★**LES GORGES DE SAMARIA** (p.180) Un canyon vertigineux doublement classé : parc national et réserve de biosphère par l'Unesco. Il accueille un sentier de randonnée qui mène au bord de la mer de Libye, laissant un souvenir impérissable.

★**CHANIA** (p.233) Bienvenue à Chania : de l'avis général, la plus belle ville de Crète. Le port et les ruelles escarpées, le quartier de Topanas forment un patrimoine vivant restauré avec coquetterie.

★LE LAGON DE BALOS (p.171) Anse de sable fin, camaïeu d'eaux turquoise et émeraude, le lagon de Balos est tout simplement magique. La presqu'île de Gramvoussa complète ce tableau unique en Crète, désertique et grandiose.

★PHAISTOS (p.75) Austère et vaste palais minoen, Phaistos se dresse face à un superbe panorama. Le site archéologique, resté dans son jus, est sublimé par une vue à 360° entre mer et montagne.

★LE MONASTÈRE DE TOPLOU (p.112) Ce monastère fortifié du 15e s., l'un des plus grands de Crète, recèle des trésors byzantins. Ses hautes murailles abritent un vaste ensemble de bâtiments et des icônes remarquables.

★LE PALAIS DE MALIA (p.68) Palais minoen d'envergure, Malia plaît pour l'harmonie et la simplicité de son plan. Sa particularité : une ville antique, que les fouilles révèlent peu à peu, s'était greffée au palais.

★**RETHYMNON** (p.130) Trépidante de vie et de commerces pittoresques, la vieille ville de Rethymnon brouille les pistes. Les minarets turcs y côtoient de brillantes architectures vénitiennes.

★**KNOSSOS** (p.61) Le plus célèbre et le plus suggestif des palais minoens. Ses reconstitutions, parfois contestées, en font néanmoins le plus éloquent des voyages historique et mythologique.

★LA VALLÉE D'AMARI (p.140) Au cœur de l'île, entre deux massifs montagneux et dans une nature préservée, une quarantaine de villages perchés, au caractère affirmé, assurent la pérennité des traditions crétoises.

★L'ÉGLISE DE LA PANAGIA KERA (p.97) Près d'Agios Nikolaos, cette église discrète et charmeuse est ornée de fresques exceptionnelles, incontestablement les plus riches de l'île. On y lit la Bible aux couleurs byzantines.

★**LOUTRO** (p.185) Aucune voiture, pas de rues, un décor de collines sauvages et ensoleillées, et de belles plages : la petite station balnéaire de Loutro est un havre de paix et de charme miraculeusement protégé.

SELON VOS ENVIES

Personnalisez votre séjour en multipliant les expériences selon vos goûts et vos envies.

Les plus belles plages

Abandonnez-vous sans modération aux charmes du littoral crétois, d'une infinie variété. Mer Égée ou mer de Libye ? Les deux alignent tour à tour lagons turquoise, criques isolées et plages aux sables colorés d'or, de rose ou d'anthracite.

→ Plage de Matala **P.77**
→ Kokkini Ammos (Matala) **P.77**
→ Plage de Kommos **P.78**
→ Île de Spinalonga **P.96**
→ Île de Chryssi (Ierapetra) **P.103**
→ Golden Beach **P.108**
→ Plage de Vaï (Palekastro) **P.116**
→ Ligres **P.128**
→ Plage et palmeraie de Preveli **P.146**

Le site archéologique de Kommos

→ Lakoi **P.156**
→ Presqu'île de Gramvoussa et lagon de Balos (Kissamos) **P.171**
→ Falassarna **P.172**
→ Elafonissi (Elafonissi) **P.177**
→ Île de Gavdos **P.186**

Stations balnéaires zen

Au cœur de l'été, il y a du monde partout. Mais ces quelques stations balnéaires offrent plus d'authenticité et de recul que certaines de leurs consœurs envahies de béton et de foules débraillées.

→ Kalamaki **P.78**
→ Lentas **P.80**
→ Keratokombos **P.81**
→ Mochlos **P.93**
→ Myrtos **P.104**
→ Sougia **P.176**
→ Loutro **P.185**

Quelques treks immanquables

Après le farniente sur le sable chaud, chaussez-vous, sortez le bob et partez à la découverte de paysages exceptionnels, vers les grottes ou les gorges dont la Crète abonde.

→ Gorges de Rouvas (Zaros) **P.77**
→ Grotte de Kamares (Kamares) **P.77**
→ Du monastère d'Arkadi à Pikris **P.137**
→ Gorges d'Agios Antonios **P.142**
→ Des gorges de Kourtaliotiko à la plage de Preveli **P.146**
→ Gorges d'Agia Irini **P.157**
→ De Meskla aux gorges de Therisso **P.162**
→ Port antique de Lissos **P.177**
→ Gorges d'Imbros **P.186**
→ Gorges d'Aradena **P.186**
→ Gorges de Samaria **P.235**

Splendeurs minoennes

C'est en Crète que s'est épanouie l'une des plus brillantes civilisations antiques. Son raffinement, sa technicité susciteront votre étonnement. Faites le tour de la question de sites en musées.

→ Musée archéologique (Héraklion) **P.56**
→ Site archéologique de Knossos **P.61**
→ Archanes **P.62**
→ Palais de Malia **P.68**

→ Villa Agia Triada (Phaistos) P.75
→ Musée archéologique (Agios Nikolaos) P.94
→ Musée archéologique (Ierapetra) P.102
→ Gournia (Ierapetra) P.107
→ Musée archéologique (Piskokephalo) P.110
→ Palais de Zakros (Sitia) P.115
→ Musée archéologique (Rethymnon) P.130
→ Nécropole minoenne d'Armeni P.132

Trésors byzantins

Laissez-vous émouvoir par les fresques colorées des églises byzantines, et par leurs icônes, qui narrent avec ferveur, parfois avec candeur, l'épopée biblique.

→ Église Agios Titos (Héraklion) P.58
→ Église Agia Ekaterini / Musée d'Art chrétien (Héraklion) P.59
→ Monastère de Vrondissi (Zaros) P.73
→ Église Agios Fanourios (Zaros) P.73
→ Église Agia Pelagia (Viannos) P.81
→ Église de la Panagia Kera (Kritsa) P.97
→ Monastère de Toplou (Sitia) P.112
→ Monastère d'Arkadi (Amnatos) P.133
→ Spili et la vallée d'Amari P.140
→ Musée byzantin (Chania) P.159
→ Maza P.163

Le top des villages perchés

La Crète est une énorme montagne surgie de la mer. Des routes buissonnières se hissent en lacet vers des plateaux et des vallées d'altitude où s'accrochent des villages. Ils méritent le détour pour leurs panoramas ou leurs ambiances authentiques.

→ Zaros P.72
→ Pitsidia P.76
→ Kapetaniana P.80
→ Pezoulia P.93
→ Kritsa P.98
→ Selakano P.104
→ Episkopi P.106
→ Chamezi P.111
→ Argyroupoli P.133
→ Monastiraki P.141
→ Smiles P.141
→ Milia P.170
→ Omalos P.181

Dans la loggia vénitienne d'Héraklion

Héritage vénitien

Parmi les vestiges de la période vénitienne, beaucoup sont en ruine mais quelques sites valent néanmoins d'être visités.

→ Loggia vénitienne (Héraklion) **P.57**
→ Fort et arsenaux vénitiens (Héraklion) **P.58**
→ Remparts de Plastira **P.60**
→ Île de Spinalonga **P.96**
→ Forteresse vénitienne "Kales" (Ierapetra) **P.103**
→ Vieille ville (Rethymnon) **P.130**
→ Musée d'Histoire et d'Art populaire (Rethymnon) **P.131**
→ Forteresse vénitienne (Rethymnon) **P.132**
→ Port vénitien (Chania) **P.158**
→ Musée archéologique (Chania) **P.159**
→ Monastère Agia Triada (Akrotiri) **P.161**
→ Frangokastello **P.184**

Tavernes 100% crétoises

On se régale à la terrasse des tavernes, à condition de savoir prendre le temps (service souvent flegmatique), mais les Crétois ont l'art de la convivialité et de l'hospitalité.

→ Vourvouladiko (Héraklion) **P.64**
→ Erganos (Héraklion) **P.65**
→ Peskesi (Iraklio) **P.66**
→ L'Oasis (Chersonisos) **P.71**
→ Alekos (Vori) **P.78**

→ Gianni's Family (Matala) P.78
→ O Platanos (Ano Viannos) P.83
→ Sarri's (Agios Nikolaos) P.99
→ Avli (Agios Nikolaos) P.100
→ Restaurant Hellas (Palekastro) P.118
→ Nikos Platanakis (Zakros) P.118
→ Tou Manoussou (Rethymnon) P.137
→ Drimos (Spili) P.143
→ Kouzina e.p.e (Chania) P.166
→ Thalassino Ageri (Chania) P.167
→ Apostolis (Chania) P.167
→ O Gero Tsegas (Kissamos) P.172
→ Samaria (Paleochora) P.178
→ Taverne Anchorage (Sougia) P.179

Pour quelques douceurs de plus

Certains prétendent que les pâtisseries ne sont pas le must de la gastronomie crétoise. Quelques adresses pour leur claquer le beignet.

→ Savoïdakis (Héraklion) P.63
→ Café-pâtisserie Lempidakis (Héraklion) P.63
→ Kirkor (Héraklion) P.63
→ Vourgiali (Héraklion) P.67
→ Café-pâtisserie Asteria (Agios Nikolaos) P.99
→ C'est la vie (Agia Galini) P.147
→ Dagkli (Chania) P.165
→ Bistrot Café (Loutro) P.187

Shopping varié

N'hésitez pas à lécher les vitrines ! Les boutiques de bouche ou d'artisanat crétois sont souvent de qualité. Vous y glanerez des souvenirs hors des sentiers battus.

→ Rue 1866 (Héraklion) P.60
→ Thrapsano (Thrapsano) P.62
→ As Gallery (Héraklion) P.67
→ Myrro Lab (Archanes) P.67
→ Vegera (Zaros) P.78
→ Creta Natura (Agios Nikolaos) P.101
→ Art on Olive Wood (Agios Nikolaos) P.101

Des *kombolóïs*, chapelets grecs

→ Giannis Paterakis (Agios Georgios) P.101
→ Kriton Gi (Sitia) P.119
→ Nikos Siragas (Rethymnon) P.138
→ Atelier Vardaxis (Rethymnon) P.139
→ Creta Carob' (Argyroupoli) P.139
→ Monastère Agia Triada (Akrotiri) P.161
→ Armenis (Chania) P.167
→ Georgina Skalidi (Chania) P.167

En amoureux

Flânez main dans la main, enivrez-vous de bains de mer et de soleil avant de partager le nid douillet d'un hôtel ou d'une pension. Sélection de plages, de sites et d'hébergements.

→ Palais de Malia P.68
→ Kokkini Ammos (Matala) P.77
→ Dytiko (Diskos) P.80
→ Monastiraki P.106
→ Palais de Zakros P.115
→ Monastère d'Arkadi P.133
→ Spili et la vallée d'Amari P.140
→ Plages de Chania P.164
→ Sougia P.176
→ Loutro P.185
→ Cretan villa hôtel (Ierapetra) P.229
→ Makri Steno (Rethymnon) P.230
→ Barbara Studios – Dokimaki Varvara I. (Rethymnon) P.230
→ Pension Castello (Rethymnon) P.231
→ Theresa Rooms (Chania) P.233

La Crète grandeur nature

Voici quelques destinations souvent ignorées, où la Crète se révèle une artiste incomparable du paysage, et quelques prestataires qui vous guideront vers une découverte experte, à pied ou en plongée.

→ Scubakreta Diving Center (Limenas Chersonisou) P.71
→ Le flanc sud des Asteroussia P.80
→ À l'ouest, le plateau du Lassithi P.96
→ Happy Divers (Agios Nikolaos) P.99
→ Gorges du Cha (Agios Nikolaos) P.106
→ Plateau de Chandras P.116
→ Kastelas - Anne Lebrun (Mochlos) P.117
→ Plateau de Nida (Anogia) P.136
→ Lac de Kournas P.164
→ Presqu'île de Rodopos (Kolymbari) P.169

LES ITINÉRAIRES

Trois itinéraires à travers la Crète pour vous laisser guider selon vos inclinations et le temps dont vous disposez.

Au-dessus des toits, la vieille ville de Chania

Chania et l'ouest de la Crète en 6 jours

De Chania à la côte sud, la région foisonne de paysages, d'évocations historiques et de couleurs. La palette s'étend des rouges, roses et ocres des façades de la vieille ville, aux terres cuites bordant le turquoise de la mer à l'ouest, aux roches blanches des gorges enserrées dans le vert des forêts au centre, et aux plages de sable rose scintillant dans la mer de Libye, tout au sud.

JOUR 1

Matinée

Pour comprendre la diversité architecturale de la **ville de Chania** (p.158), il faut la visiter à pied. La forteresse, la mosquée et le phare égyptien vous attendent au vieux port bordé de ses maisons colorées, ses tavernes et ses bars. Au gré de vos pas, égarez-vous un peu dans les ruelles piétonnes de la vieille ville. Puis, en remontant du port par la rue Chalidon, faites une halte au

Musée archéologique (p.159) pour rencontrer les Minoens, qui peuplaient la Crète il y a une quarantaine de siècles. Pause déjeuner au restaurant **Bohème** (p.166), tout près du musée.

Après-midi

À pied, en bus ou en taxi, rejoignez l'élégant quartier de Chalepa pour aller voir la **maison d'Eleftherios Venizelos** (p.160), homme politique fondateur de la Grèce moderne et incontournable figure crétoise. Prenez un verre au **Dagkli** (p.165), presque en face. De retour en soirée dans la vieille ville, dînez au **Tamam** (p.166), un restaurant jeune et dynamique installé dans un ancien bain turc.

JOUR 2

Matinée

En voiture, partez pour la **presqu'île d'Akrotiri** (p.161) à quelques kilomètres au nord de Chania, pour découvrir en pleine nature deux monastères vénitiens proches l'un de l'autre. On visite le premier, Agia

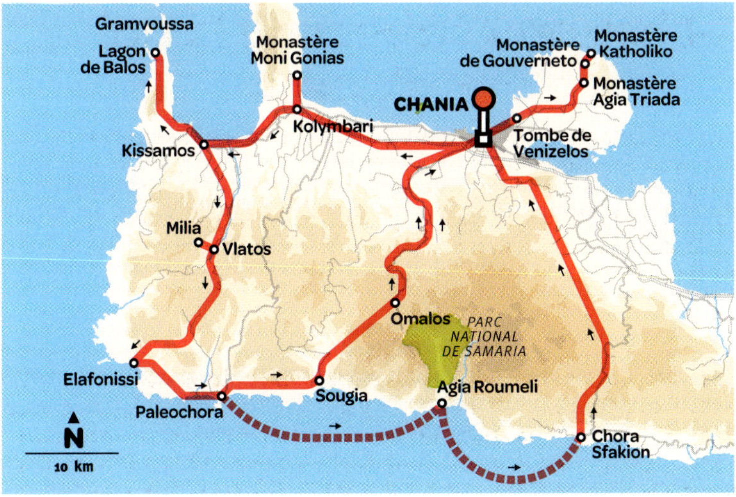

Triada (p.161), et son petit musée byzantin, et on poursuit vers le monastère Gouverneto (p.161), plutôt pour le site. De là commence une belle balade vers la mer qui descend au monastère Katholiko, fermé au public. De retour vers Chania, arrêtez-vous pour saluer la **tombe d'Eleftherios Venizelos** (p.161) et, juste à côté, mangez une salade au **café-bar Koukouvagia** d'où le panorama est magnifique.

Après-midi

À Chania, parcourez à pied le quartier branché de **Splantzia** – où s'étaient installés les Ottomans pendant leur occupation de la ville –, où les magasins de créateurs de bijoux, de maroquinerie et de vêtements côtoient bars et tavernes à la mode. Le soir, allez dîner, selon la saison, au **Oinomageireio** en salle, ou au **Pigadi tou Tourkou** (p.166), en terrasse.

JOUR 3

Matinée

Prenez la direction de l'ouest de l'île. Faites une première halte à **Kolymbari**, petit village côtier, pour visiter le monastère de **Moni Gonias** (p.168) et vous approvisionner en huile d'olive Terra Creta non loin de là. Continuez toujours vers l'ouest en direction de **Gramvoussa** (p.171), puis remontez jusqu'au **lagon de Balos**, site inoubliable. Laissez la voiture et promenez-vous à pied. On peut descendre tout en bas pour se baigner dans le lagon ou rebrousser chemin si la foule est trop dense. Reprenez la voiture pour aller déjeuner au **restaurant Gramvoussa** (p.173).

Après-midi

Gagnez **Kissamos** (p.168), village tranquille de la côte ouest, dont la large baie est dominée au loin par les monts Lefka Ori. Prenez un verre au **Babel Café** face à la mer puis dînez sur le port au restaurant de poisson **O Geros Tsegas** (p.172), tenu par une famille de pêcheurs.

JOUR 4

Matinée

Partez dans les forêts au cœur de la Crète jusqu'au village écologique et réhabilité de **Milia** (p.170), loin du bruit des villes, au milieu des arbres et du chant des oiseaux. Dans l'unique **taverne**, les femmes mijotent des plats traditionnels et vendent des herbes aromatiques ou des confitures faites maison.

Après-midi

Reprenez la route et descendez tout au sud vers la **baie d'Elafonissi** (p.177). Une immense langue de sable rose baigne dans une eau translucide, c'est scintillant et ravissant. En soirée, rejoignez **Paleochora** (p.174), village balnéaire de la côte sud.

JOUR 5

Matinée

Délaissez la voiture pour prendre, de Paleochora, le bateau pour **Agia Roumeli** (p.181). Après avoir longé le littoral, vous accosterez dans le petit port où aboutissent les **gorges de Samaria** (p.180), les plus belles de Crète, longues de 16km.

Après-midi

Attendez que le soleil tape un peu moins fort en été pour remonter à pied une partie des gorges jusqu'à l'ancien **village de Samaria** ou, en suivant le cours asséché du torrent, allez jusqu'aux *Sideroportes*, immenses blocs de roche qui laissent tout juste passer l'eau de la rivière, quand elle coule. Dînez et dormez à **Agia Roumeli** (p.181).

OU BIEN Reprenez votre voiture à Paleochora et partez dans l'après-midi pour **Sougia** (p.176), autre station balnéaire avec sa longue plage de sable et son ambiance jeune et décontractée. Le soir, dînez au restaurant **Rebetiko** (p.179) d'une spécialité locale, le *tsigariasto*, poêlée d'agneau aux herbes et oignons.

Lieu de culte, baie d'Elafonissi

JOUR 6

Matinée

Embarquez à Agia Roumeli pour **Chora Sfakion** (p.184), autre petit port de la côte sud, plein de charme. Avec ses quelques tavernes et hôtels au bord de l'eau, c'est l'endroit idéal pour un bon repas.

Après-midi

Rentrez vers Chania en car (plusieurs liaisons par jour).

OU BIEN Profitez de la plage de **Sougia** (p.176) puis repartez vers Chania par une superbe route en lacet qui monte jusqu'au **plateau d'Omalos** (p.181), à 1 000m d'altitude, où commencent les célèbres **gorges de Samaria** (p.180). Il y fait soudain frais et vous pouvez vous arrêter au **refuge de Kallergi** (www.kallergi.co) pour y boire un thé de la montagne avec du miel de pays avant de reprendre la route.

Le vieux-port de Réthymnon

3 jours au cœur de la Crète à partir de Rethymnon

Succombez aux charmes de Rethymnon en marchant dans les pas des Vénitiens et des Ottomans et découvrez du nord au sud une région riche de vallées, forêts, gorges et rivières. Ce parcours mène à la mer de Libye et au majestueux monastère de Preveli, qui domine une baie où se jette un cours d'eau bordé d'une palmeraie. Un itinéraire qui mêle histoire et nature.

JOUR 1

Matinée

À **Rethymnon** (p.130), commencez la journée à pied en flânant dans les ruelles piétonnes de la vieille ville jusqu'au **Musée archéologique** (p.130). Remarquez les façades des maisons tour à tour ottomanes ou vénitiennes. Au Musée archéologique vous attendent des objets issus des fouilles de la région et une première prise de contact avec les Minoens. Puis, parcourant quelques siècles dans le centre historique, allez au **musée d'Art populaire** (p.131), pour découvrir les objets usuels et décors d'habitations crétoises. En sortant faites une pause au **Chalikouti** (p.128), un café alternatif, et enfin marchez jusqu'au **musée d'Art contemporain** (p.131) pour voir une exposition d'œuvres de créateurs grecs. Au retour, **déjeunez chez Vassilis** (p.137), aux poissons frais et à la cuisine crétoise inventive, dans une ruelle tranquille.

Après-midi

Descendez dans les ruelles de la **vieille ville** (p.130) et passez par la loggia vénitienne, la fontaine Rimondi et la mosquée Neratzes. Continuez vers la mer et arrêtez-vous au petit **port vénitien** où les tavernes se tiennent en cercle devant le phare. Remontez en direction de la **Fortezza** (p.132) : dans l'enceinte fortifiée, passé la lourde porte, au-dessus des flots, les herbes folles balayées par le vent racontent l'histoire tourmentée de la ville, face à un panorama magnifique. Rendez-vous pris au préalable, allez assister à la fabrication des baklavas dans l'une des plus vieilles pâtisseries de Rethymnon : **Chatziparaskos** (Vernardou 30, tél. 2831 02 94 88). Les immenses feuilles de pâte volent par-dessus la table et la farine saupoudre tout, alentour. Puis partez chiner des cuirs chez **Karas** ou des céramiques chez **Vardaxis** (p.139), rue Panou Koronaiou. En soirée, dînez au **Ta 2 Rou** (p.137) : plats, cuisine et ambiance familiales garanties.

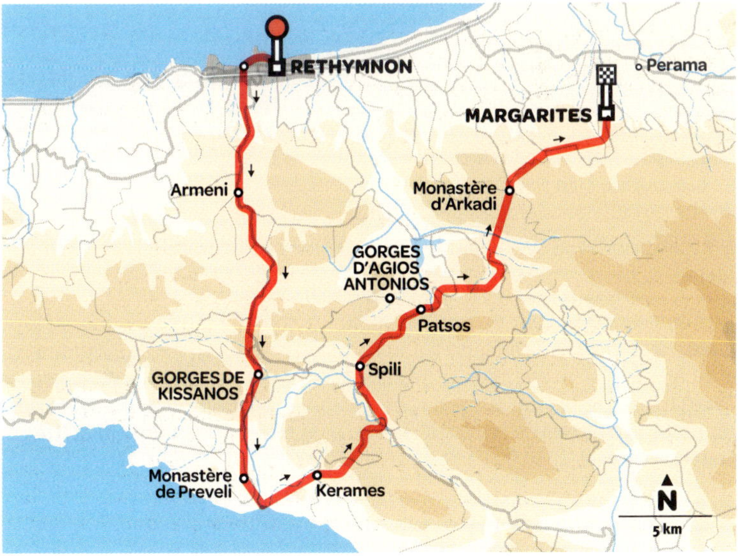

JOUR 2

Matinée

En voiture, cap au sud pour rejoindre le monastère de Preveli (p.145). En chemin, explorez la **nécropole d'Armeni** (p.132) et ses tombes en galerie. Arrivé à Preveli, commencez par la visite du **monastère Kato Preveli** (p.145), au milieu des oliviers. Puis à quelques kilomètres de là, visitez **Piso Preveli**, monastère emblématique de la résistance crétoise, maintes fois détruit puis reconstruit. Abordez ensuite la longue descente en escalier vers la mer qui offre une vue éblouissante. Sur la plage tout en bas, accordez-vous une petite collation à la cantine avant de vous enfoncer dans la palmeraie, bordée d'une rivière turquoise. Remontez en douceur et déjeunez à la **taverne** près du pont de pierre et du monastère Kato Preveli (taverne Gefyra, tél. 6944 98 67 40).

Après-midi

Reprenez la route en direction de **Spili** (p.140), village de montagne entouré de vergers. Après une pause dans l'un des cafés devant la fontaine au centre du bourg, allez visiter le jardin botanique et aromatique **Maravel** (tél. 2832 02 22 25), où une centaine de variétés de plantes poussent et permettent de tirer de précieuses huiles essentielles (prenez rendez-vous pour une leçon de distillation). En soirée, dînez au **Siderako** à Spili (tél. 6973 69 71 16).

JOUR 3

Matinée

À **Spili**, après un café chez le **tailleur** (p.143), l'un des *kafeneion* traditionnels qui bordent la rue principale, dirigez-vous vers les **gorges d'Agios Antonios** (p.142). On y accède par une route sinueuse et magnifique. Une fois sur place, vous pouvez y pénétrer à pied sur 1 ou 2km, vous enfoncer dans la forêt puis faire demi-tour. Ou gagnez directement la **grotte de saint Antoine** pour y admirer les ex-voto. À l'entrée des gorges, restaurez-vous au bord de la rivière dans la plus longue taverne de Crète, **Drimos** (p.143), qui pourrait en contenir au moins cinq ! On y sert en particulier l'*antichristo*, de la viande d'agneau ou de chèvre cuite pendant des heures autour des braises, accompagné d'herbes sauvages en salade (*chorta*). Impressionnant et délicieux !

Après-midi

Remontez en direction du nord-est pour atteindre le mythique **monastère d'Arkadi** (p.133), lieu emblématique de l'histoire crétoise. Plus de 900 hommes et femmes s'y sont sacrifiés en résistant aux Ottomans. Puis arrêtez-vous à **Margarites** (p.134), un village de potiers traditionnels qui, depuis des siècles, réunit des virtuoses de la céramique, en passant en particulier chez **Giorgis Dalamvelas** (tél. 2834 09 21 35).

Un rucher aux alentours du village de Zakros

3 jours sur les traces des Minoens : d'Héraklion à Zakros

La civilisation minoenne a prospéré en Crète de 2 600 à 1 100 av. J.-C. Commerçante et pacifiste, la population vénérait les dieux de la nature. Véritables villes, les palais ont été établis dans la région d'Héraklion et du Lassithi pour profiter des plaines fertiles et des accès à la mer. De Knossos à Zakros, ils s'égrènent d'ouest en est dans des sites inoubliables.

JOUR 1

Matinée

En voiture, partez tôt le matin pour **Knossos** (p.61), le palais des palais. Là, sir Evans, archéologue anglais, décida de donner forme à ce qu'il savait de l'organisation de la vie autour du roi Minos. Et pour cela, il y mit des couleurs et du béton. Certains crient au sacrilège, d'autres au génie. Prenez votre temps et découvrez en particulier la salle du trône, la salle de la *Fresque aux dauphins* et le bastion à la *Fresque au taureau*. Puis allez déjeuner chez **Elia et Diosmos** (p.67) dans le village de Skalani, à 3km de Knossos. Une excellente table tenue par la pétillante Barbara.

Après-midi

Des splendeurs de la Candie vénitienne, l'ancienne **Héraklion**, trop détruite, il ne reste pas grand-chose. Mais son **Musée archéologique** (p.56), exceptionnel,

Le site archéologique de Knossos

abrite les joyaux mis au jour par les archéologues. Les fresques manquantes à Knossos y sont conservées, comme les bijoux en or, les "Abeilles", découverts à **Malia** (p.68). Prenez un verre au **café Marina** devant le port vénitien, remontez à pied la rue du 25 Avgoustou vers la **place Ta Leontaria** (p.57), rendez-vous des bars et des soirées animées. En chemin, admirez sur votre gauche l'église **Agios Titos** (p.58) puis la **loggia** (p.57). En soirée, **dînez au Peskesi** (p.66), pour goûter une solide cuisine crétoise servie dans le décor d'une ferme chic et préparée avec les produits de l'exploitation.

JOUR 2

Matinée

Toujours tôt le matin, partez pour **Malia** (p.68), autre site minoen majeur, moins "bâti" que Knossos puisque laissé en l'état par les archéologues. Ne manquez pas les appartements royaux, l'escalier monumental, la table à offrandes Kernos et les silos à grains. Offrez-vous une pause à la **taverne Kaliva** (p.71), près des ruines. Puis en voiture, rejoignez la magnifique baie d'**Agios Nikolaos** (p.94). Cette ville balnéaire est construite entre la mer et un lac aux profondeurs restées insondées. Déjeunez de poisson au **Pelagos** (p.100), après une visite du centre à pied.

Après-midi

Reprenez la route en direction du sud. En chemin, arrêtez-vous à un autre site archéologique majeur, **Gournia** (p.107), peu fréquenté par les visiteurs. On y découvre les rues d'une cité minoenne et on se prend à en imaginer la vie.

Continuez jusqu'à **Sitia** (p.110), qui coule des jours tranquilles face à la mer de Crète. Dînez au **Balkony** (p.117), un restaurant tenu par une cheffe réputée qui fait danser les saveurs crétoises.

JOUR 3

Matinée

Rejoignez en voiture le petit village de montagne de **Zakros** (p.115). Prenez un café sur la place puis entamez la randonnée qui mène au site archéologique de **Kato Zakros** (p.115) et sa plage. Suivez le trajet du sentier européen E4. Au cours de cette marche de 1h30, tentez de repérer des tombes minoennes creusées très haut dans les roches rouges. À l'arrivée, visitez les ruines : Zakros était un palais minoen très important dont il ne reste que des vestiges émouvants. La paisible **baie de Kato Zakros** offre une eau translucide pour la baignade. Puis déjeunez dans l'une des tavernes de la plage. Revenez en taxi jusqu'à Zakros pour acheter de l'huile d'olive, une des meilleures de Crète.

Après-midi

Prenez la route qui longe et monte sur la corniche jusqu'à la **plage de Xerokambos** (p.117), en lisière d'une plaine sèche aux terres brûlées de couleurs brune et rouge sang, à l'extrémité orientale de la Crète. En fin d'après-midi, arrivée à **Ierapetra** (p.102), jolie ville provinciale où vous pourrez déguster des gâteaux au **Veteranos** (angle des rues Koundourou et M. Kothri), et dînez sur la plage à la **taverne Kleio** (p.92), les pieds dans l'eau.

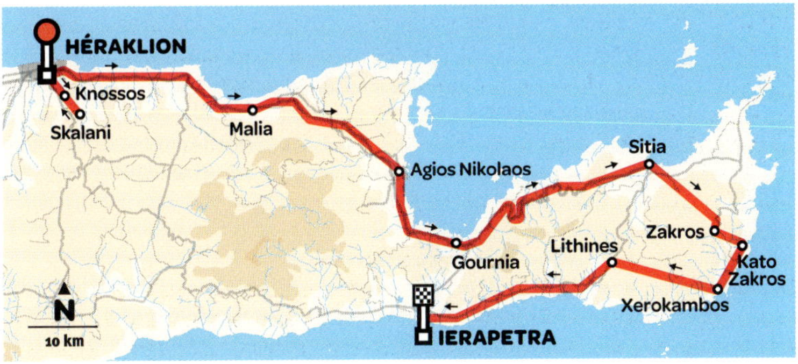

Dans la dynamique région d'Héraklion, vous aurez le choix entre sites culturels majeurs (Musée archéologique, palais minoens) et paysages attrayants (gorges de Rouvas, monts Asteroussia). La capitale mérite un séjour, fut-il court, avant de s'échapper vers les villages intérieurs, pleins de pittoresque, et les plages de la côte sud, beaucoup plus sauvages que celles, bétonnées, des environs d'Héraklion.

Le district d'Héraklion

Séchage des poulpes au soleil

Plan 1

RETHYMNON
Bali
GROTTE DE MELIDONI
MONASTÈRE AGIOU IOANNOU
E75
BAIE DE FODELE
Agia Pelagia
Fodele
MONASTÈRE SAVATHIANON
BAIE D'HÉRAKLION
PALEOKASTRO
Melidoni
MONT KOULOUKONAS 1 078 M
Aloïdes
MONASTÈRE AGIOS PANTELEIMON
Rodia
HÉRAKLION
Garazo
Marathos
MONASTÈRE DISKOURI
MONASTÈRE HALEPAS
Gazi
Agios Mamas
Axos
Kamariotis
MONT STROUMBOULAS 800 M
Arolithos
GROTTE DE ZONIANA
AXOS
Gonies
Tylissos
ANOGIA
SKLAVOKAMPOS
DISTRICT DE RETHYMNON
97
ANEMOSPILIA
MONT IOUCHTAS 811 M
ARCHANES
Sarchos
MONT PSILORITIS (IDA) 2 456 M
GROTTE IDEON ANDRON
VATHYPETRO
Venerato
PALIANI
GROTTE DE KAMARES
GORGES DE ROUVAS
Nithavris
Apodoulou
Kamares
MONASTÈRE DE VRONDISSI
LAC DE VOTOMOS
Arkadi
Vorizia
MONASTÈRE AGIOS NIKOLAOS
ÉGLISE AGIOS FANOURIOS
ZAROS
AGIA VARVARA
97
Larani
Kokkinos Pyrgos
Vourvoulitis
VORI
GORTYNE
TYMBAKI
MIRES
AGII DEKA
AGIA TRIADA
97
ASSIMI
PHAISTOS
Kalamaki
GEROPOTAMOS
PLAINE DE LA MESSARA
KOMMOS
CHARAKAS
Pitsidia
Dionysio
Matala
Pigaïdakia
MONASTÈRE D'APEZANOU
Vassiliki
KOKKINI AMNOS
ASTEROUSSIA
Kapetaniana
Dytiko
Kali Limenes
BAIE DE KALI LIMENES
Lentas
LIMANAKI

DIA
MER DE CRÈTE
AGIOS NIKOLAOS
AMNISSOS
NEA CHANI
Gournes
Kokkini Chani
RETAQUARIUM
CHERSONISOS
BAIE DE MALIA
PALAIS DE MALIA
GROTTE DE MILATOS
Milatos
E75
Vrachasi
KNOSSOS
Skotino
MALIA
Skalani
99
Episkopi
MONASTÈRE DE GOUVERNIOTISSAS
Gonies
Krassi
Avdou
MONASTÈRE DE KERA KARDIOTISSA
AGIOS NIKOLAOS, SITIA, IERAPETRA
Myrtia
MONASTÈRE D'ANGARATHOS (MONI ANGARATHOU)
Kasteli
Kera
Lagou
Messa Potami
THRAPSANO
PLATEAU DU LASSITHI
AGIOS KONSTANTINOS
Psychro
Partheni
Agios Georgios
GROTTE DE ZEUS / DIKTAION ANDRON
Nipiditos
ARKALOCHORI
DISTRICT DE LASSITHI
MONT DIKTI 2 147 M
Kato Poulia
Katofini
Martha
ANO VIANNOS
Skinias
Pefkos
Demati
97
PYRGOS
Keratokambos
AGIOS ANTONIOS
Arvi
Tsoutsouros
Ethia
BAIE DE KERATOKAMBOS
AGIOS NIKITAS
BAIE DE TSOUTSOUROS
MER DE LIBYE
N
5 km

★ LES INCONTOURNABLES

★**SITE ARCHÉOLOGIQUE DE KNOSSOS** (p.61) pour l'intérêt du plus important palais minoen.

★**PALAIS DE MALIA** (p.68) pour son authenticité.

★**PHAISTOS** pour le romantisme de ce site minoen.

★**MUSÉE ARCHÉOLOGIQUE D'HÉRAKLION** (p.56) pour la profusion de fresques et d'œuvres absolument uniques.

NOS CONSEILS

Voici quelque tuyaux pour vous faciliter le séjour dans la capitale de l'île et ses environs.

Révisez votre anglais

À moins de parler le grec, l'anglais est indispensable : toutes les indications pratiques sont traduites dans la langue de Shakespeare : au bord des routes, sur les contrats de location, sur les menus des tavernes et les panneaux pédagogiques des musées, etc.

Faites le plein de liquide

À Héraklion, beaucoup de commerces refusent les cartes bancaires. Retirez des espèces aux distributeurs situés autour de la place Venizelou, où ils abondent. En revanche, dès qu'on s'écarte de la capitale, en zone rurale et sur la côte sud, ils sont rarissimes. Mieux vaut anticiper.

Faites le plein de saveurs

Héraklion a conservé un vrai marché (rue Odos 1866). Faites-lui honneur, il est l'un des plus intéressants de Crète en dépit de sa fréquentation touristique. Mais qui veut connaître des marchés vraiment pittoresques visitera ceux des gros bourgs campagnards comme celui d'Arkalochori. Bistrots bondés, ambiances festives et grillades à volonté, vous vivrez une immersion joyeuse dans une Crète ancestrale.

Léchez les vitrines

Héraklion propose un shopping varié entre grandes enseignes internationales et petites boutiques crétoises. Les rues Daedalus, Dikeossinis, Kalokerinou et Evans sont les plus intéressantes. Mais attention, l'après-midi les magasins ouvrent rarement avant 17h30, sieste oblige.

Partez à l'aventure !

Si vous aimez l'autonomie, partir à l'aventure vers des criques secrètes, louez une voiture auprès d'un prestataire ayant pignon sur rue et incluant les assurances dès la réservation (soyez vigilants sur ce point !). Le littoral nord de la Crète se traverse en 4h, mais ne perdez pas de vue que, sur les petites routes, une moyenne de 40km/h est un bon score et que chaque Crétois se croit au volant d'une Formule 1.

Prenez le car

Si vous voulez vous épargner la location d'une voiture, les routes truffées de nids-de-poules qui soudain se transforment en pistes, sans sommations, les indications routières aléatoires, prenez l'autocar. C'est en Crète une alternative fiable. Confortables et ponctuels, les cars publics KTEL desservent toute la Crète pour un coût variant de 6 à 15€.

KTEL www.e-ktel.com/en

Restez authentique

Vous êtes allergique à la foule ? Alors privilégiez la visite du palais de Phaistos, ou de celui de Malia. Ces deux sites sont moins courus

Tout pour succomber au régime crétois

que Knossos où l'on joue des coudes dans un cadre en perpétuels travaux. Malia est très évocateur et Phaistos, nimbé de mystère, bénéficie de l'emplacement le plus admirable et panoramique de tous les sites minoens.

Trinquez local

Le vignoble d'Héraklion, le plus ancien de Grèce mais néanmoins ouvert à des méthodes de vinification élaborées et modernes, produit 80% des vins crétois. Goûtez-les dans les tavernes ou offrez-vous une virée œnotouristique autour du mont Louchtas, à la rencontre de viticulteurs hospitaliers. Ils proposent des dégustations.

www.newwinesofgreece.com

✖ Évitez les plages trash

Qui aime les belles plages, charmeuses et peu fréquentées, évitera celles des environs immédiats d'Héraklion, souvent sales (notamment celle d'Amnissos qui, de surcroît, se trouve à proximité de l'aéroport). Évadez-vous vers Agia Pelagia (20km à l'ouest d'Héraklion) ou, bien sûr, vers les spots de la côte méridionale. Si vous êtes contraints de vous baigner à Héraklion, privilégiez les plages privées, somme toute abordables et propres.

✖ Attention aux pickpockets

La Crète est très sûre, les Crétois étant les plus hospitaliers et respectueux des hôtes. Mais voilà, en Crète, il n'y a pas que des Crétois, c'est parmi les personnes de passage que se recrutent les dépouilleurs. Ils officient principalement dans les grandes villes et les sites touristiques.

RENDEZ-VOUS AVEC...

Fils d'artiste, **Manolis Saridakis** est peintre. Il a étudié à l'école des Beaux-Arts d'Athènes et est revenu vivre à Héraklion. Il expose régulièrement ses œuvres et enseigne à l'école d'art d'Héraklion. Textures, matériaux et mouvements rythment ses tableaux. Pour les découvrir : www.saridakismanolis.gr

Mon lieu sacré

Agios Titos

Je suis lié de deux façons à cette église (p.58), dédiée à saint Tite, patron d'Héraklion. C'est un lien d'ancrage puisqu'elle est emblématique de ma ville, avec sa forme particulière : carrée et coiffée d'un petit dôme. Mais aussi un lien affectif et familial : mon père, peintre renommé et hagiographe, y a réalisé dix fresques sur de grands panneaux de bois : une œuvre d'art.

Place Agios Titos Héraklion

Ma taverne de poisson

Ippokampos

Pour manger du poisson en famille, je sais toujours où aller. Dans ce restaurant (p.65), la vue sur la mer et la baie d'Héraklion est superbe et le poisson toujours frais. Que je le prenne grillé ou en petite friture, j'accompagne très volontiers ce repas d'un ouzo.

Sofokli Venizelou 3 Héraklion
2810 28 02 40 Tlj. 12h-dernier client

SI MA RÉGION ÉTAIT...

Un élément Ce serait le vent qui passe sur les hommes, souffle sur les terres, rejoint la mer de Libye, emportant les parfums vers le large pour atteindre les côtes africaines.

ADRESSES

- **A** Agios Titos
- **B** Ippokampos
- **C** Devkaliona
- **D** To Kavousi
- **E** Kommos
- **F** Fodele

Mon kafeneion

To Kavousi

C'est un petit *kafeneion* de village, à Kato Archanes, non loin d'Héraklion, où je prends plaisir à retrouver mes amis. Sous les mûriers, on y boit tranquillement une, voire plusieurs *tsikoudia*, accompagnées de *mezedes*. Le décor vieillot est un gage de qualité de nos jours. Et côté prix, c'est très raisonnable.

Kato Archanes (13km au sud d'Heraklion)
6947 83 31 72 Tlj. 7h-dernier client

L'église Agios Titos, à Héraklion

Ma taverne spécial viande

Devkaliona

Je me rends depuis des années dans cette taverne pour ses viandes grillées : côtelettes d'agneau, côte de veau, filet mignon de porc. Je ne suis jamais déçu par la qualité inégalable de la côte de bœuf.

Lisimachou Kalokairinou 8 Héraklion
2810 24 42 15 Tlj. 19h-0h

Mon village

Fodele

Niché dans une vallée d'orangeraies, ce village (p.60) est important pour un peintre puisque c'est là que Le Greco est né en 1541. On peut y visiter sa maison ornée de reproductions de ses œuvres. Dans ce paysage très vert et coloré, l'ambiance est détendue, c'est un endroit où je reviens souvent pour des manifestations culturelles mais aussi pour sa douceur de vivre.

30km à l'ouest d'Héraklion

ENVIE DE FLÂNER...

Quand le paysage combine le bleu de la mer et l'ocre de la terre, je ressens un point d'équilibre. Il y a peu d'endroits qui peuvent offrir la fusion de deux éléments fondateurs, l'eau et la terre. Si le rouge flamboyant d'un soleil couchant s'y ajoute, c'est l'apothéose, source inépuisable d'inspiration.

Ma plage magique

Kommos

Immense et préservée, cette plage de sable est bordée d'une longue dune (p.78). Je vais bien sûr m'y baigner et je ne manque jamais le crépuscule. Aucune habitation ne vient enlaidir ce panorama qui offre un spectacle éblouissant : le soleil flambe au-dessus de la mer, rougeoie, avant d'y tomber.

67km au sud-ouest d'Heraklion

HÉRAKLION

Vous voilà arrivé dans la capitale crétoise, porte d'entrée obligée de l'île. Le charme n'opère pas au premier coup d'œil : la ville, lourdement bombardée pendant la Seconde Guerre mondiale, s'est relevée à coup de béton. Mais son entrain, ses ambiances festives, ses tavernes, ses multiples propositions de visites et ses quartiers oubliés, comme celui de Lakko, emportent les suffrages.

ACCÈS ET INFOS

- Office de tourisme / EOT Xanthoudidou 1 (en face du Musée archéologique) 2810 24 62 98 Tlj. 9h-15h
- Police touristique Agiou Artemiou 1 2810 27 40 46 Tlj. 8h-15h
- KTEL urbain De l'aéroport au centre-ville en passant par le port, le réseau des bus fonctionne de 6h30 à 23h30. Il dessert la plage d'Amoudara et le site archéologique de Knossos. Les billets s'achètent en kiosque ou en station. Rousou Chourdou 4 2810 28 32 70

À VOIR

HÉRAKLION

La visite des musées vous ennuie ? Héraklion vous fera changer d'avis. Son Musée archéologique, l'un des plus riches d'Europe, regorge de trésors. Et puis flânez en bord de mer, entre les stands du marché permanent ou à la recherche de maisons vénitiennes ou ottomanes, dressées le long de ruelles au tracé improbable. Héraklion vous retiendra aussi pour sa gastronomie, ses propositions de shopping et ses remuantes discothèques.

Des trésors inestimables

Musée archéologique ★

On admire là des collections uniques couvrant 3 000 ans d'histoire, du néolithique à l'Antiquité. À elles seules les troublantes statuettes des *Déesses aux serpents* et les peintures minoennes méritent la visite. La plupart de ces fresques proviennent de Knossos : le *Prince aux lys*, la grande *Fresque des dauphins* qui ornait la chambre de la reine et la *Fresque de la procession* où cinq cents danseurs, musiciens, prêtres et communiants convergent en deux cortèges. Autres pièces remarquables, *La Parisienne*, que l'archéologue britannique Evans baptisa ainsi en raison de la beauté de la jeune femme peinte, et la *Procession des libations*, que conduit un joueur de lyre. Cette dernière a été trouvée à Agia Triada, comme le magnifique sarcophage en pierre sculptée (1400 av. J.-C.). La richesse de ce musée est illustrée aussi par d'étonnants vases sculptés (des rhytons), de fines pièces d'orfèvrerie, dont le célèbre *Pendentif aux deux abeilles* et mille autres curiosités en provenance directe de la Crète et exprimant la gloire de civilisations aux talents incomparables.

Xanthoudidou 1 (près de la pl. Eleftherias) 2810 27 90 00 Avr.-oct. : tlj. 8h-20h ; nov.-mars : mar.-dim. 8h-15h, dim.-lun. 11h-17h 10€, billet combiné avec Knossos 16€

À NE PAS MANQUER

- Fort et arsenaux vénitiens
- IMK Musée historique
- Église Agia Ekaterini / Musée d'Art chrétien
- Rue 1866
- Arolithos

Au Musée archéologique d'Héraklion

Souvenir de la Sérénissime

Place Eleftheriou Venizelou

Appelé aussi *Ta Leontaria*, ou la place des Lions, ce centre névralgique est animé jour et nuit. Sa **fontaine Morosini** fut commanditée en 1628 par le Vénitien Francesco Morosini, alors gouverneur de l'île. Ce bel ouvrage est le fleuron d'un chantier considérable qui apporta l'eau courante à la ville. Elle jaillissait de la gueule de quatre lions qu'accompagnent, en bas-reliefs, nymphes, tritons, monstres marins et autres créatures mythologiques. Au nord de la place s'étend le reposant **parc Le Greco** (Parko Theotokopoulou).

Sanctuaire artistique

Basilique Agios Markos / Pinacothèque municipale

Se consacrant aux œuvres d'artistes crétois contemporains (expositions temporaires), cette galerie d'art fut une basilique (13e s.) dédiée à saint Marc, protecteur de Venise. Elle a été ensuite reconvertie en mosquée par les Turcs. Quand l'île s'est libérée du joug ottoman, le minaret a été rasé.

Pl. Venizelou (Ta Leontaria) ◷ Tlj. 8h30-15h

Bel héritage vénitien

Loggia vénitienne

Vous êtes face à l'hôtel de ville d'Héraklion. Cet élégant bâtiment à colonnades du 17e s. figure parmi les plus beaux monuments de l'architecture vénitienne en Crète. C'est là que se réunissait la noblesse coloniale afin d'y gérer, déjà, les affaires publiques. On y discutait un verre à la main, la loggia étant aussi lieu de rencontres, de fêtes et d'agapes.

En haut de l'odos 25-Avgoustou

La plus ancienne église d'Héraklion

Église Agios Titos

Quelle grâce dans la sobre élégance de cet édifice au style néoclassique mâtiné d'influences arabisantes ! Fondé au 10e s., ce sanctuaire a accompagné tous les revirements de l'Histoire. Il a été converti en église catholique par les Vénitiens, puis, après le séisme de 1856, a été entièrement reconstruit par les Turcs pour en faire une mosquée. En 1925, Agios Titos a retrouvé sa vocation initiale d'église orthodoxe. Vous y verrez la relique de saint Tite.

Place Agios-Titos (ou 25-Avgoustou) ◷ Entrée libre

> **IL ÉTAIT UNE FOIS**
> Dans une des chapelles nord de l'église Agios Titos, repose le crâne, enchâssé d'or, de saint Tite. Émouvante rencontre. Ce compagnon et disciple de l'apôtre Paul fut le premier évêque de la Crète. Parmi le riche décor intérieur de boiseries et de dorures, typique des sanctuaires orthodoxes, attardez-vous devant les belles fresques modernes qui retracent la vie de Tite (p.54).

Un fort beau fort

Fort et arsenaux vénitiens

Pénétrer la forteresse de Koules, magnifiquement restaurée, c'est revivre le combat des soldats vénitiens qui assuraient la protection d'Héraklion au 16e s. Vous verrez la caserne, les geôles, le positionnement des canons visant les navires ennemis, des collections d'amphores glanées par le commandant Cousteau et des bas-reliefs en marbre représentant l'inévitable lion ailé de Venise. De la terrasse sommitale, vue magnifique sur la mer Égée, la montagne et les toits d'Héraklion. En 1669, après 22 ans d'un siège au cours duquel ce fort joua un rôle déterminant, la ville tomba aux mains des Ottomans.

2810 28 84 84 ◷ Nov.-juin : mar.-dim. 8h30-15h ; juil.-oct. : tlj. 8h30-17h € 2€

Captivant survol historique

IMK Musée historique

Voilà un musée moderne qui, entre autres, met en scène de manière brillante la résistance crétoise à l'invasion allemande. L'histoire de l'île, ici racontée du début de notre ère à la Seconde Guerre mondiale, réserve bien d'autres surprises : une gigantesque maquette d'Héraklion à l'époque de sa gloire vénitienne, des mosaïques et sculptures paléochrétiennes et byzantines, de superbes vêtements liturgiques, une soixantaine d'icônes portatives, d'émouvantes restitutions du mode de vie traditionnel crétois au-travers d'une riche collection d'art et traditions populaires. Enfin, avant d'aller vous rafraîchir au bistrot de la cour arborée, ne manquez pas la reconstitution du bureau de l'écrivain Nikos Kazantzakis (1883-1957) (p.206), et les deux seuls tableaux du Greco conservés en Crète (p.206).

Sofokli Venizelou 27 (300m à l'ouest du port vénitien) 2810 28 32 19 ◷ Avr.-oct. : lun.-sam. 9h-17h ; nov.-mars : lun.-sam. 9h-15h30 € 5€

Tremblez avec Richter
Musée d'Histoire naturelle de Crète

Émotion garantie, au sous-sol, avec le simulateur de tremblements de terre qui vous fera ressentir des secousses de cinq magnitudes différentes (jusqu'à 7,6 sur l'échelle de Richter). Installé en front de mer dans une friche industrielle réhabilitée, ce musée présente par ailleurs la faune et la flore crétoises (et plus largement grecques). Une de ses salles est consacrée aux orchidées, dont on dénombre près de 70 espèces sur l'île. Le lieu vaut aussi pour ses grandes et remarquables expositions temporaires supervisées par l'université de Crète.

Sofokli Venizelou 2810 28 27 40 www.nhmc.uoc.gr Avr.-sept. : tlj. 9h-19h ; oct.-mars : tlj. 9h-15h, w.-e. 10h-18h 9€

D'incomparables icônes
Église Agia Ekaterini / Musée d'Art chrétien

Cette église, construite au 16e s. par les moines du mont Sinaï, transformée en mosquée par les Turcs (la base du minaret est encore visible), présente une formidable collection d'icônes dont les plus belles sont signées du maître post-byzantin Michaïl Damaskinos. Ces chefs-d'œuvre ont été réalisés entre 1582 et 1591 au monastère de Vrondissi. Ce musée d'Art sacré montre également des monnaies byzantines, des manuscrits enluminés, des fresques du 14e s., du mobilier et des vêtements liturgiques.

Pl. Agia Ekaterini 2810 33 63 16 Avr.-oct. : lun.-sam. 9h30-19h30, dim. 10h30-19h30 ; nov.-mars : tlj. 9h30-18h 4€

Un kitsch décomplexé
Cathédrale Agios Minas

Vous êtes face à l'une des plus grandes églises de Grèce, d'un kitsch assumé, dont l'intérieur luxuriant est surchargé de fresques et de dorures. Bâtie de 1862 à 1895, elle témoigne de la décadence de l'art sacré à la fin du 19e s. Plus ancienne et plus modeste, l'église voisine (angle nord-ouest de la cathédrale) est elle aussi dédiée à saint Minas, patron d'Héraklion. Là, l'austérité et la simplicité de la pierre ne font que rehausser la richesse de l'iconostase.

Pl. Agia Ekaterini Tlj. 8h-coucher du soleil Entrée libre

La cathédrale Agios Minas

La rue du marché
Odos 1866

Vous ne pouvez pas la rater ! Cette rue est toujours bondée, animée d'un marché permanent. On y flâne entre deux haies de stands débordant de victuailles, d'objets hétéroclites et de parfums en tout genre. Tout pour ouvrir l'appétit et ça tombe bien car de nombreuses tavernes vous accueilleront dans les ruelles adjacentes. L'artère débouche sur la place Kornarou, où une monumentale fontaine turque a été transformée en café. À ses côtés, une autre, vénitienne celle-ci (16e s.), porte le nom de *Bembo*.

Fermé 14h-17h

Tombe panoramique
Tombe de Kazantzakis et remparts

Longés par une promenade (peu ombragée) et ayant résisté aux vicissitudes de l'histoire, les remparts vénitiens et leurs sept bastions (15e s.) enserrent la vieille ville. Sur le bastion Martinengo repose la sépulture de l'écrivain crétois Nikos Kazantzakis, auteur de *Zorba le Grec* (p.206). De cette tombe d'une extrême simplicité et d'une grande quiétude, on bénéficie d'une vue imprenable sur les quartiers historiques, la Méditerranée et le mont Psiloritis.

Plastira (à la pointe sud des remparts, dans le bastion Martinengo)

À L'OUEST D'HÉRAKLION

Le creuset de l'âme crétoise
Arolithos

Cet étonnant village fut construit dans les années 1980 sur les hauteurs d'Héraklion dans le but de préserver et promouvoir le patrimoine insulaire. C'est une réussite. Tout y évoque scrupuleusement les plus purs usages crétois, de l'architecture jusqu'aux moindres détails de décoration. On y célèbre même de vrais baptêmes et d'authentiques mariages. Outre une église, un four communautaire et différents commerces, vous y découvrirez un petit **musée des Arts et Traditions populaires** illustrant les différents aspects de la vie rurale et de l'habitat crétois (reconstitution des ateliers du potier, du forgeron, du tisserand et du sellier) ainsi qu'un kafeneion, café typique, une taverne et un hôtel pour prolonger le plaisir de la visite.

11km au sud-ouest d'Héraklion, sur la route de Marathos ("Old Road", l'ancienne route de Rethymnon) 2810 82 10 50 www.arolithos.com Se renseigner à l'hôtel **Musée rural des Arts et Traditions populaires** 2810 82 10 50 www.arolithosvillage.gr Tlj. 8h-16h 3€

Petit détour de charme
Fodele

Fodele est connu pour sa plage, qui, pourtant, n'est pas des plus glamour. Le village, à 3km dans les terres, mérite le détour pour son charme, pour l'église byzantine de la Panagia et pour son modeste musée, riche en reproductions, consacré au Greco. Selon les habitants de Fodele, le célèbre peintre serait né dans leur village, ce qu'aucune biographie ne confirme (p.55).

30km à l'ouest d'Héraklion **Musée** Fodele 2810 52 15 00 Avr.-oct. : tlj. 9h-19h 2€

Rendez-vous avec les requins

Cretaquarium

Requins, mérous, méduses, girelles royales multicolores, murènes, tortues marines... quelque 2 500 poissons de Méditerranée et des tropiques évoluent dans une soixantaine d'aquariums et de bassins ultramodernes (caméras pour zoomer sur son espèce préférée). Les décors, reproduisant les fonds marins crétois, sont convaincants et des vidéos sous-marines, des écrans interactifs complètent opportunément une visite qui ravira les enfants. Petit conseil : arrivez à l'ouverture avant les cars, pour une découverte au calme et sans embouteillage !

10km à l'est d'Héraklion, sur la route d'Agios Nikolaos (fléché après l'aéroport) 2810 33 77 88 www.cretaquarium.gr Mai-sept. : tlj. 9h30-21h ; oct.-avr. : tlj. 9h30-17h 9€

AU SUD D'HÉRAKLION

Reconstitution historique

Site archéologique de Knossos ★

De même qu'on ne va pas à Paris sans voir la tour Eiffel, on ne va pas en Crète sans visiter Knossos. Ce site est le plus fréquenté de Crète (500 000 visiteurs/an) et le plus grand des palais minoens. Il comptait quelque 1 000 pièces déployées sur près de 26 000m^2, reliées par un réseau complexe de couloirs et d'escaliers répartis sur plusieurs niveaux. Les vestiges exhumés sont ceux du second édifice, bâti sur les ruines du Vieux Palais, détruit par plusieurs séismes entre 1800 et 1700 av. J.-C. Au temps de sa splendeur, une ville d'environ 80 000 habitants s'étendait sur les collines avoisinantes. À Knossos, on voit des reconstitutions aux couleurs chatoyantes effectuées au début du 20e s. et des copies de fresques in situ (les originaux sont au Musée archéologique d'Héraklion). On remarquera même des restitutions de décors empruntant les canons de la mode d'alors, celle de l'Art nouveau. Souvent décriées parce que parfois arbitraires, ces réhabilitations ont l'avantage d'aider à se représenter l'incroyable ingéniosité et le raffinement des architectures minoennes. En dépit des fermetures récurrentes de certaines salles pour travaux, la vastitude de ce palais est saisissante, un véritable labyrinthe. En parcourant le quartier

La fresque aux dauphins, Knossos

IL ÉTAIT UNE FOIS
De 1905 à 1931, l'archéologue britannique Arthur Evans (1851-1941) dépensa une partie de sa vie et de sa fortune à reconstruire Knossos. Il le fit en suivant son riche imaginaire, soutenu par la non moins luxuriante mythologie grecque qui faisait de Dédale, auteur du labyrinthe où fut enfermé le Minotaure, l'architecte de Knossos.

domestique et son système d'écoulement des eaux, en voyant le bassin lustral des purifications, les grandes jarres de la crypte aux piliers, on pourra se faire une idée de ce que fut l'éclatante civilisation minoenne, inconnue jusqu'à la découverte de Knossos en 1878.

6km au sud d'Héraklion ☎ 2810 23 19 40 ⌚ Avr.-sept. : tlj. 8h-20h ; oct. : tlj. 8h-18h ; nov.-mars : tlj. 8h30-17h

Musée minoen et icônes
Archanes

Les passionnés d'histoire compléteront la visite du Musée archéologique d'Héraklion par celui d'Archanes, qui offre des reconstitutions soignées de sites minoens découverts dans les environs, mais généralement fermés au public (comme la nécropole de Fourni et le temple d'Anemospilia). En sortant du musée, jetez un coup d'œil aux ruines minoennes, dont la nature palatiale ne fait aucun doute. L'église de la Panagia Faneromeni (de l'Apparition de la Vierge) mérite elle aussi une visite. Parmi ses magnifiques icônes post-byzantines, celles numérotées 1 à 19 sont les plus anciennes (16e et 17e s.) et les plus belles. En quittant Archanes vers le sud, un chemin carrossable mène au sommet du mont Jouchtas (panorama exceptionnel sur la côte).

16km au sud d'Héraklion Église ⌚ Mar. et jeu. 9h-14h Musée archéologique ☎ 2810 75 27 12 ⌚ Mer.-lun. 8h-15h € Entrée libre

Artisan potier à Thrapsano

Village de potiers
Thrapsano

C'est dans ce village que sont fabriquées ces fameuses jarres d'inspiration minoenne ou ornées à l'antique, éléments de décoration omniprésents dans le département d'Héraklion. Une boutique ou un atelier en propose à chaque coin de rue. On trouve aussi de la belle vaisselle, plus facilement transportable.

28km au sud-est d'Héraklion

NOS ADRESSES

PAUSES

Bistrot d'antan

To Paleo Kafe

Bordée de magasins de confection d'un autre temps, la ruelle a son charme. Ce "vieux café" aussi, qui, en dépit de son âge, séduit une clientèle jeune venant apprécier *mezedes* et raki en jouant au backgammon. Autour de 10€.

HÉRAKLION Kagiabi 13 2810 28 95 47
Tlj. 8h-2h (dim. 11h)

Douceurs locales

Savoïdakis

Cette pâtisserie crétoise réputée sert aussi bien des gâteaux traditionnels que d'irrésistibles créations maison, de bons sandwichs, des chaussons aux épinards ou au fromage et des glaces. En bonus, ouverture jusqu'à 23h.

HÉRAKLION 7, odos Dikaiossinis 2810 22 95 44 Tlj. 6h-23h **Autre adresse** Odos 1866 Tlj. 6h-16h

Sucré et salé

Café-pâtisserie Lempidakis ♥

L'une des meilleures boulangeries-pâtisseries-salon de thé de la ville. Les amateurs de douceurs au miel, de halvas et de loukoums seront comblés. On y trouve également de goûteux feuilletés salés.

HÉRAKLION Averof/Evans 35 69 40 78 42 80
Lun.-sam. 7h-21h, dim. 10h-15h

Bougatsa ou baklava ?

Kirkor

Pour tous les Irakliotes, cette maison fondée en 1922 est synonyme de *bougatsa*. On s'installe dans cet établissement chaleureux, au charme suranné, pour déguster ce feuilleté au fromage frais de brebis saupoudré de sucre et de cannelle. À moins que vous préfériez succomber au plaisir perse d'un baklava.

HÉRAKLION Pl. Venizelou (Ta Leontaria)
Tlj. 8h-0h

Avec les happy few

Enetiko

En retrait de la petite place aux Lions, mais au centre de l'aimable animation des rues piétonnes, l'Enetiko propose, à l'ombre de ses platanes, cafés, glaces et collations (salades, grillades). Le café est crémeux, le milk-shake onctueux, la musique douce, et, en prime, on y parle français.

HÉRAKLION Pl. Venizelou (Ta Leontaria)
2810 22 12 81 Tlj. 9h-0h

Trinquer sous les arbres

Eukalyptoi

Ce charmant *ouzeri* traditionnel, où se régaler de *mezedes*, séduit aussi par sa situation : sur une placette triangulaire ombragée par des eucalyptus, à un pâté de maisons au sud de la cathédrale Agios Minas.

HÉRAKLION Pl. Riga Feraiou Jusqu'à 22h ou 23h

Excellent bar à vins

Opus Wine bar

C'est LE bar à vins d'Héraklion. Dans une ruelle tranquille et piétonne, quelques tables en bois de palette invitent à la pause, en terrasse ou sous les voûtes de la salle. À l'intérieur, éclairage discret et ambiance feutrée pour découvrir les cépages grecs et crétois, accompagnés de fromages, de charcuterie (9€) ou de toasts au saumon. Un verre 6€. On peut aussi dîner pour env. 15€.

HÉRAKLION Kapetan Charalampi 3 2810 22 51 51 Lun.-sam. 11h-2h, dim. 18h-2h

Un régal pour l'œil
Veneto Café

Cette institution d'Héraklion prolonge son élégante salle néoclassique par une terrasse à la vue imprenable sur le port vénitien et l'île de Dia. Un privilège qui se paie. Belle sélection de vins grecs et macédoniens, jus de fruits frais et petite restauration. Très agréable en soirée, au soleil couchant. Boîte de nuit au sous-sol.

HÉRAKLION Epimenidou 9 2810 22 36 86 Tlj. 10h-2h

Vue privilégiée sur les flots
Mare

Cette terrasse jouit d'une situation privilégiée en bord de mer. Particulièrement appréciable à l'heure de l'apéritif ou pour un cocktail sous les étoiles. Branché, chic et cher.

HÉRAKLION Sofokli Venizelou (face au musée d'Histoire naturelle) 2810 24 19 46 www.mare-cafe.gr Tlj. 10h-3h

RESTAURANTS

Les restaurants d'Héraklion ne brillent pas par leur originalité. La tradition est de mise mais ils sont globalement bons, même en zones touristiques. Les quelques restaurants bon marché qui servent salades grecques et autres grignotages typiques, entre le parc El Greco et la place aux Lions, sont très fréquentables. Celui qui borde la loggia a une terrasse agréable.

L'adresse des Crétois gourmets
Vourvouladiko €

Dans le quartier méconnu de Lakko, cette taverne est célèbre de longue date. Une terrasse fleurie où de grandes tablées d'habitués s'éternisent devant un *kapriko* (porc cuit au four) ou un *boureki* (feuilleté de courgettes, patates et fromage frais), spécialité de la maison. Georgina, la patronne, change son menu tous les jours, demandez-lui conseil ! Comptez 12-15€.

HÉRAKLION Monis Kardiotis 71 2810 33 53 23 Mar.-sam. 7h30-2h

Typiquement bon
Prassein Aloga €

Un métissage sophistiqué de cuisines méditerranéennes utilisant le meilleur des produits crétois. Salades copieuses, viandes savoureuses, purées maison. On s'installe sur une jolie placette ombragée aux ambiances villageoises. Carte 10-15€.

HÉRAKLION Kydonias 21 2810 283 429 Avr.-oct. : lun.-sam. 12h-0h ; nov.-mars : mar.-dim. 12h-0h

La passion du poisson
To Giousouro €

Près du port, le mini quartier d'Alikarnassos rassemble quelques tavernes de poisson. Les amateurs de cuisine fraîche goûteront les pâtes aux fruits de mer (8€), la salade Giousouro aux quinze légumes (7€) et un poisson irréprochable. Chaleureux et authentique. Sardines 6€, calamars 9€. Environ 12€ le repas.

HÉRAKLION Irodotou 63/Irakleitou
Tlj. 12h-12h30

Avec les pêcheurs

Syllogos Erasitechnon Alleion €

Vous poussez la porte de l'association des pêcheurs amateurs d'Irakleio pour entrer dans cette "cantine" fiable. Le poisson est frais et le décor à la hauteur d'une cuisine simple et goûteuse : fonds marins sur les tables et vue sur le port. Sardines grillées, seiches à l'encre. Poisson au kilo. Carte 10-15€.

HÉRAKLION Port (Limani) Paleo Psigeio 2810 22 38 12 Avr.-oct. : tlj. 12h-0h ; nov.-mars : tlj. 12h30-22h

Des recettes rares

Erganos €

On viendrait à genoux pour l'*antikristo* (viande de chevreau cuite à la braise 5h durant) ou l'agneau braisé (9h !) que cuisine à la perfection cette bonne taverne. La Crète est à l'honneur et on propose ici des plats qu'on ne trouve nulle part ailleurs. Une grande cheminée en salle pour l'hiver et une véranda pour l'été. Carte 15€.

HÉRAKLION Georgiou Georgiadou 5 2810 28 56 29 Tlj. 13h-1h Fermé en juin

Les fruits de la mer

Ippokampos €€

Poisson de qualité, service attentif, bon rapport qualité-prix, portions copieuses : ce restaurant de renom attire en front de mer les touristes

À l'Ippokampos

et la bourgeoisie locale. À la carte : poisson du jour, grillé ou frit, seiche à l'encre, moules à la vapeur et céleri, pâtes au poulpe, etc. Pour irriguer le tout, 16 marques d'ouzo. Comptez 15€-20€.

HÉRAKLION Sofokli Venizelou 3 2810 28 02 40 Tlj. 12h-dernier client

Bon restaurant de plage

Ta Kalytera ♥€€

Les pieds dans le sable, ou presque, au cœur de la baie d'Héraklion. On déguste là du poisson frais, idéalement cuit, et des garnitures soignées. Trois générations en salle et en cuisine font de cette affaire familiale un bon repère gastronomique. Pensez à réserver, car même si l'adresse reste discrète, sa réputation n'est plus à faire. Comptez 15-18€.

HÉRAKLION Arcadias 33, Stade Pagritio (sur la plage) 2810 25 47 60 Avr.-oct. : tlj. 12h-0h

Dîner en musique

Palai Pote €€

Une cour ombragée et fraîche, aux vieux murs chaulés, invite à déguster une savoureuse cuisine grecque en écoutant de la musique live. Une adresse de choix mais abordable. Réservation conseillée. Env. 18€ le repas.

HÉRAKLION Kidonias 20 2810 28 03 80
Avr.-oct. : mer.-sam. 19h-1h (musique à partir de 21h) ; nov.-mars : mer.-sam. 21h-1h (musique à partir de 23h30)

Un air de campagne

Peskesi €€

Produits en direct de la ferme, transformés en de savoureuses recettes traditionnelles crétoises. Pour décor, murs en pierres apparentes, oliviers et citronniers en pots. La grande terrasse couverte est tranquille. Autant d'ingrédients qui assurent le succès de ce restaurant plus "vrai que nature". Carte 18-20€.

HÉRAKLION Kapetan Charalabi 6-8
Tlj. 10h-2h

Le meilleur bistrot du marché

Peninta-peninta €€

Peninta-peninta : autrement dit 50-50. Pour moitié restaurant de viande réputé et pour moitié DJ-bar. Vous ne pouvez pas rater la déco, et la terrasse chaleureuse qui distinguent l'établissement, situé au beau milieu du marché, dans la ruelle des épices. 15€-20€ pour une cuisine simple et réussie.

HÉRAKLION Odos 1866, 20 2810 28 62 20
Tlj. 9h-dernier client

Chez Peninta-peninta

Viandes de caractère

Kouzeineri €€

Cadre moderne pour une cuisine carnée qui s'évade un peu des classiques crétois : des *spicy wings* et des pièces de bœuf black angus, servies saignantes et si tendres qu'elles se coupent pratiquement à la fourchette. Autres options : jarret de porc (cuisson 7h) ou de fameux risottos ! Comptez 15-20€.

HÉRAKLION Marineli 11 2810 34 64 52
Tlj. 12h-0h30

Manger sur les toits

Herb's Garden ♥€€€

Voilà un rooftop à la vue exceptionnelle, planant sur le port et le fort vénitien. De surcroît, on y mange bien et contemporain. Ce restaurant en plein ciel, celui de l'hôtel Lato, accommode les meilleurs produits de l'île en des recettes tout en finesse. Gastronomique et chaleureux. Carte 20€-25€.

HÉRAKLION Lato Hotel Epimenidou 15
2810 33 49 71 www.herbsgarden.com
Début mai-fin oct. : tlj. 13h-12h

Plats de Crète et d'ailleurs

Pagopoieion €€€

Situé sur l'une des plus jolies places d'Héraklion, ce restaurant propose des recettes grecques, revisitées avec justesse, ou flirtant avec les cuisines du monde. Le rendez-vous de la jet-set locale et de la jeunesse dorée. Plats entre 8€ et 20€.

HÉRAKLION Pl. Agiou Titou 2810 22 12 94
Tlj. 9h-1h

Voyage aromatique
Elia & Diosmos €

"Olive et Menthe" : Barbara, qui dirige cette taverne, rehausse d'herbes aromatiques toutes ses préparations, jusqu'au pain. Les pitas (tourtes) à la viande (7€) ou à la *mizitra* (fromage frais, 6€), le pain et les pâtes maison, ou encore l'agneau au miel (12€) ont conquis à juste titre une large clientèle. Comptez 15€.

SKALANI (9km au sud-est d'Héraklion, tout près de Knossos) 2810 73 12 83 Mar.-dim. 12h30-23h (et lun. midi en été)

Authentique !
I Agora €

Une adresse simple et authentique, tenue par Maria, au cœur du village, dans une ruelle piétonne. Parfait pour siroter un *tsikoudia* (vin local) accompagné de *mezedes* mais on y mange aussi très bien, à toute heure : seiches à l'encre, herbes sauvages en salade (*chorta*), purée de fève et d'excellentes frites maison. Env. 10-12€ le repas.

ARCHANES Tsikritzi 11 (Ano Archanes) (15km au sud d'Héraklion) 2810 75 20 11 Tlj. 8h-dernier client

Produit vrai, cuisine fine
To Kritamo ♥€€

Le credo du chef Dimitris Mavrakis : que des produits frais, de saison, bio, au service d'une cuisine inventive sans dérives, ni chichis. Son porc minoen aux fruits secs et au miel est un chef d'œuvre. Les vins sont exclusivement crétois et l'huile d'olive est une cuvée privée. Comptez 15-20€.

ARCHANES Vathipetrou (16km au sud d'Héraklion) 2810 75 30 92 www.kritamon.gr Tlj. 19h-1h

SHOPPING

Farandole gourmande
Vourgiali

Ce magasin regorge de produits de bouche finement sélectionnés : des *trachana*, petites pâtes séchées au soleil, des yaourts de brebis et de chèvre, des fromages affinés, de la charcuterie artisanale, une viande séchée à l'ail. Huile d'olive et plantes aromatiques complètent le panier.

HÉRAKLION Pl. Agia Katerinis 3 2810 33 42 62 Mar. et jeu.-ven. 8h30-21h

Bijoux contemporains
As Gallery

Agapi a ouvert cette galerie pour faire connaître de jeunes créateurs de bijoux grecs. Les vitrines sont renouvelées tous les deux mois, variant au gré des thèmes qu'elle choisit. À partir de 20€ la paire de boucles d'oreilles en feutrine, tissu et bois.

HÉRAKLION Psaromiligon 9 2814 00 34 86 Lun., mer. et sam. 10h-14h, mar. et jeu.-ven. 10h-14h et 17h30-21h

Recettes de jouvence
Myrro Lab

Myrtho, biologiste, a conçu son agréable boutique comme un mini-laboratoire où concocter des breuvages sur mesure aux plantes aromatiques crétoises. Demandez conseil pour combattre à coup de tisanes vos petits soucis de santé. On y trouve aussi des produits cosmétiques et des huiles essentielles.

ARCHANES Tsikritzi/G. Eleftheraki (Ano Archanes) 2811 75 82 28 Lun. 10h-15h, mar. et jeu. 10h-14h et 17h-21h, mer. et ven. 9h-15h, sam. 11h-15h

MALIA

La région de Malia propose un zapping contrasté. D'un côté, on y trouve deux stations balnéaires parmi les plus festives de l'île, Malia et Limin Chersonisos, reines des nuits blanches où on sert le petit déjeuner jusqu'à 18h ! À quelques kilomètres de cette effervescence, profitez des ambiances intemporelles d'un palais minoen, du vieux village de Pano Hersonisos ou des grottes de Milatos.

ACCÈS ET INFOS

• KTEL Malia est bien desservi mais demandez au chauffeur de vous déposer près du site archéologique – "*arxaiologiko choro*" (Αρχαιολογικο Χωρο), faute de quoi il vous emmènera à la station balnéaire –, puis suivez (10min à pied) le sentier balisé qui s'engage au milieu des oliviers. Prévoyez 40min de trajet à partir d'Héraklion et 30min d'Agios Nikolaos. 2810 24 65 30 www.bus-service-crete.com

À VOIR

MALIA

Dans cette enclave vouée au tourisme de masse et aux voyages organisés, la vie tourne autour des discothèques et de la plage, belle mais bondée. En front de mer, se déploie un cortège peu gracieux d'hôtels "modernes", mal vieillis, de pubs cosmopolites et de snacks aguicheurs. À quelques pas, pourtant, en direction des terres, le vieux village de Malia renoue avec le charme en un dédale de ruelles où trouver encore quelques tavernes dignes de ce nom. Le voyageur indépendant se rendra en priorité à Malia pour la visite des ruines minoennes.

Cité fantôme

Palais de Malia ★

À l'est des plages, s'étendent les ruines de ce palais qui est le troisième site antique crétois par la taille (7 500m²), après ceux de Knossos et de Phaistos. C'est le plus authentique et le plus évocateur, le moins fréquenté, et une plage de sable blond, en contrebas, permet de se rafraîchir après la visite. À Malia, aucune reconstitution en béton comme à Knossos et à Phaistos : que des monticules de terre ocre soutenant joliment les alignements des murs et soulignant la forme des pièces. Cette jolie couleur, due au grès dunaire (calcaire) extrait de carrières voisines, participe du plaisir de la visite. Vous découvrez une ville fantôme dont l'étonnante complexité laisse deviner ce qu'a pu être le quotidien des Minoens... il y a près de quarante siècles. Des panonceaux signalent les appartements royaux, le bain lustral, la cour nord et son étrange pièce oblique. On découvre ensuite la grande cour centrale et son escalier monumental, la crypte aux piliers gravés, le petit théâtre, puis la pierre de kernos, percées de cavités à vocation rituelle où étaient déposées les offrandes aux dieux. À l'ouest de la cour, s'étend un dédale de pièces, probablement des magasins. Au sud, s'alignent les ateliers d'artisans et les silos à grains. Ne manquez pas la crypte (protégée par un auvent), dont le plafond

À NE PAS MANQUER

- Grotte de Milatos
- Écomusée Lychnostatis

La grotte de Milatos

reposait sur des colonnes, et d'où le seigneur de Malia exerçait son pouvoir politique, selon les études archéologiques. Enfin, le petit musée, près de la sortie, expose de remarquables maquettes du palais et de ses dépendances.

3km à l'est de Malia ☎ 2897 03 15 97 ⏲ Tlj. 8h-15h € 6€

LES ENVIRONS

Mémorial souterrain

Grotte de Milatos

Perdue dans un paysage lunaire, cette caverne naturelle, creusée dans le flanc du mont Kadistos, est avant tout un lieu de mémoire, avec son émouvante chapelle blanche et son ossuaire. Il célèbre un drame survenu en 1883 : le massacre par les Turcs de quelque 2 500 Crétois(es) de tous âges qui s'étaient réfugiés là. Le site, haut perché, vaut aussi pour les petites gorges qui le précèdent, son atmosphère de recueillement et pour son panorama dominant la mer et le village de Milatos. Équipez-vous d'une lampe de poche (ou d'un téléphone portable) car la grotte n'est pas éclairée et la présence de loueurs de torches est aléatoire.

15km à l'est de Malia, à 3,5km de la plage de Milatos et 5min à pied de la route € Entrée libre

Dans les collines

Pano Chersonisos

Ce vieux village juché dans les collines a conservé quelques belles maisons de l'époque vénitienne et son huilerie a été transformée en musée. Pano Chersonisos (littéralement, "Chersonisos-le-Haut") est parfois signalé sous les noms d'Ano Chersonisos ou d'Old Chersonisos.

Env. 10km à l'ouest de Malia

ÉNIGMES MINOENNES

Les femmes portaient des vêtements laissant clairement deviner leurs seins. Garçons et filles, à l'égal, jouaient les acrobates sur le dos des taureaux. Ce peuple lettré maîtrisait une écriture syllabique sophistiquée, non déchiffrée à ce jour, et pratiquait un art et un artisanat d'une délicatesse exquise. Les palais, assortis d'un confort inouï pour l'époque, étaient en fait de véritables petites villes autonomes, magistralement gérées. La religion, inspirée des cultures asiatiques, était tolérante et pacifique bien que certains archéologues prétendent aujourd'hui que les Minoens auraient pratiqué le sacrifice humain lors d'évènements paroxystiques (tsunamis, séismes…). Les palais sont un des seuls sésames dont on dispose pour déchiffrer ces incroyables Minoens (p. 194).

Fresque du palais de Knossos

Basilique et écomusée

Limin Chersonisos

Ancien village de pêcheurs, la petite station balnéaire de Limin Chersonisos (littéralement "le port de Chersonisos") est vouée à un bruyant et médiocre tourisme de masse. Néanmoins, deux lieux méritent la visite : les vestiges d'une basilique paléochrétienne, sur le promontoire de Kastri, et l'écomusée Lychnostatis reconstituant, en plein air, un village crétois d'antan (maison traditionnelle, moulin à vent, bergerie, atelier de tissage, etc.).

3km au nord de Pano Chersonisos **Écomusée Lychnostatis** 2897 02 36 60 www.lychnostatis.gr Fév.-oct. : dim.-ven. 9h-14h En sept-oct. Fête de la vigne mer. à 11h € 5€ Visites guidées en français sur rdv

À FAIRE

Plongez au large de Malia

Limin Chersonisos possède de nombreux clubs de plongée. Plusieurs sites à découvrir, de la baie de Fodele jusqu'au cap de Chersonisos et du nord de Gournes jusqu'au cap de Diakori.

Scubakreta Diving Center Nana Beach Hotel Limin Chersonisos 2897 02 49 15 www.scubakreta.gr Mi-avr.-fin oct. : lun.-sam. 9h-17h **Heraklion Diving Center** Agiou Georgiou 10 Plage de Sarantaris Limin Chersonisos 2897 02 26 95 www.heraklion-diving.com

NOS ADRESSES

RESTAURANTS

Gargote bon enfant

Kaliva €

À la sortie orientale de Malia, cette taverne de plage ne paie vraiment pas de mine, mais sa cuisine de saison et son ambiance bon enfant valent le détour. Grillades de poisson, agneau au four, lapins aux petits oignons, mijoté de petits pois, etc. Carte 10-12€.

MALIA Près du site archéologique, sur la plage de Potamos 6942 55 58 45 Avr.-déc. : tlj. 12h-19h

L'adresse des Crétois

L'Oasis

Rendez-vous des villageois, ce *kafeneion* sert de délicieux *mezedes* – *tzatziki*, salade de thon, porc au citron... – à des prix défiant toute concurrence.

CHERSONISOS Grand-Place de Pano Chersonisos (10km à l'ouest de Malia)

ZAROS ET LA MESSARA

Vaste plaine plantée d'oliviers, la Messara déploie de superbes paysages bornés par le mont Psiloritis et le massif d'Ida. Sur les contreforts de la montagne, quelques villages, dont Zaros, offrent des opportunités de séjour pour qui veut s'immerger dans une Crète ayant gardé intactes traditions et sens de l'hospitalité. Vous serez à pied d'œuvre pour de belles randonnées et à un jet de galet des plages de sable de Matala.

ACCÈS ET INFOS

- Environ 50km au sud-ouest d'Héraklion
- KTEL Relie Zaros à Héraklion (1 car/j., 5,20€) et à Mires (11/j. 6€). De Mires, nombreux cars pour Matala (4/j. du lun. au sam. et 3 le dim., 3€) et Agia Galini (5/j. du lun. au sam. et 4 le dim., 3,50€). 2810 25 59 65 www.ektel.com.en

À VOIR

Si vous aimez le calme et l'authenticité, posez vos bagages à Zaros, entre mer et montagne. On y mange bien, on y dort bien, on savoure l'accueil simple et généreux des villageois et les activités abondent : randonner dans les gorges de Rouvas ou jusqu'à la grotte de Kamares, traquer les fresques dans les églises ou les monastères, visiter d'incontournables sites archéologiques, minoens ou antique, et bien sûr, lézarder sur les plages de sable des environs de Matala.

ZAROS ET SES ENVIRONS

Ville d'eau

Zaros

Hors du temps et des sentiers battus, Zaros s'adosse au flanc sud du mont Psiloritis. L'eau y coule à profusion. Cette bourgade, rafraîchie par de nombreuses fontaines, est connue dans toute l'île pour son eau de source, et réputée pour les truites de son lac. Zaros constitue un excellent camp de base pour rayonner : outre sa situation géographique, centrale, vous trouverez de bonnes tavernes, des hébergements confortables et vous repartirez nostalgique de l'hospitalité des habitants.

DRÔLE D'AFFAIRE

À 2km de Zaros, le monastère confidentiel d'Agios Nikolaos se distingue : il est mixte. Moniales et moines sont connus pour leur hospitalité, prompts à offrir un de ces petits gâteaux secs qu'ils fabriquent et à ouvrir les portes de l'église où voir quelques fresques du 15e s.

Tendres rivages

Lac de Votomos

Modeste par la taille, charmant pour ses ambiances bucoliques, le lac de Votomos recueille les eaux de source descendues du mont Psiloritis. Le dimanche, les habitants viennent s'y promener en famille et déguster une

Le lac de Votomos

truite dans la bonne taverne installée au bord de l'eau. Vous y trouverez une aire de jeux pour enfants, des bancs ombragés, quelques cygnes et des départs de randonnées, vers le monastère Agios Nikolaos (15min) et les gorges de Rouvas (1h30), entre autres.

1,5km au nord de Zaros (prendre la rue qui monte à côté de la lutherie)

De la fontaine aux icônes
Monastère de Vrondissi

Deux platanes tricentenaires montent la garde à l'entrée de ce monastère voué à saint Antoine, patron des ermites. Arborant deux statues d'Adam et Ève, décapitées par les Turcs mais encore évocatrices, une élégante fontaine vénitienne du 15e s. participe au charme de ce site sobre et recueilli. Dans l'église à deux nefs, héritée de l'époque où le catholicisme et l'orthodoxie cohabitaient dans l'île, on découvre de belles icônes et des fresques (14e et 15e s.) dont une magnifique *Cène*.

5km au nord de Zaros (suivre la dir. Vorizia et prendre la seconde bifurcation à droite)
2894 03 12 47 Tlj. 8h-14h et 16h-20h Accès libre

Des fresques incontournables
Église Agios Fanourios

Cette église est ornée de fresques admirables, parmi les plus belles de Crète. Elles sont un sublime exemple, bien conservé, de la virtuosité des maîtres de l'École crétoise qui prospéra sous l'occupation vénitienne. Celles de la nef nord, la plus ancienne (fin du 13e s.), relatent la vie de la Vierge. Celles de la nef sud, peintes entre 1407 et 1428 par Konstantinos Rikos, sont essentiellement consacrées à la vie de saint Jean-Baptiste. Entre les deux nefs, sur les piliers, vous regardent quelques saisissantes têtes de prophètes. Cette fière église, au portail et au beffroi finement décorés, est le dernier vestige du monastère de Valsamonero, déserté sous l'occupation turque.

6km au nord-ouest de Zaros (suivre les panneaux "Moni Valsamonerou" et "Agios Fanourios" à partir du village de Vorizia) ⌚ Sam. 6h-9h aux heures de la messe faute de personnel € Entrée libre

Souvenir romain

Gortyne

L'acropole de Gortyne, occupée dès le néolithique, puis fortifiée, reçut de l'occupant romain le statut de capitale de la Crète en 67 av. J.-C. L'arrivée de saint Paul, en 59, et la nomination de son compagnon Tite comme évêque, en fit le centre de diffusion du christianisme dans l'île. Gortyne demeura la ville la plus importante de Crète jusqu'à ce que les Sarrasins la rasent en 824. La cité ne fut redécouverte qu'en 1883. Que voit-on aujourd'hui dans ce site peu valorisé ? Vous serez accueilli par les ruines de la basilique Saint-Tite (7e s.) près de laquelle s'étend l'**agora**, esplanade ombragée par de vieux oliviers. Suivent les gradins de l'**odéon**, théâtre antique dominé par un bâtiment moderne protégeant les célèbres "lois de Gortyne". Ce texte gravé dans la pierre il y a 25 siècles est le plus ancien code urbain européen. N'oubliez pas de saluer le platane qui abrita, selon la légende, les amours de Zeus et Europe, et qui, selon les guides de Gortyne, ne perd jamais ses feuilles. Le reste du site, peu spectaculaire, s'éparpille sous les oliviers, de l'autre côté de la route. Attardez-vous plutôt au **musée** exposant les grandes statues exhumées lors des fouilles.

Env. 12km au sud-est de Zaros, près d'Agii Deka ☎ 2892 03 11 44 ⌚ Avr.-sept. : tlj. 8h-20h ; oct. : tlj. 8h-17h ; nov.-mars : tlj. 8h-15h € 6€

IL ÉTAIT UNE FOIS

C'est sous le platane remarquable de Gortyne, isolé au bout de son sentier de pierres, que Zeus a séduit, sous les traits d'un taureau, la belle Europe, princesse phénicienne. Sous les frondaisons de l'arbre, a été conçu le grand roi Minos.

VORI ET SES ENVIRONS

Douceur de vivre

Vori

Les visiteurs pressés se contentent de visiter l'épatant Musée ethnologique que propose ce village. Tout en n'ayant pas le charme de Zaros, Vori mérite néanmoins mieux qu'un bref passage, pour ses ruelles attrayantes, pour sa place frangée de pittoresques cafés, pour ses jardins amoureusement fleuris, ses tavernes, ses pensions et pour sa douceur de vivre.

15km au nord-est de Matala

Musée ethnologique

Un lieu réellement enthousiasmant, consacré à la culture populaire des Crétois présentée en une muséographie moderne et soignée. Bottes en cuir, selles, armes, couteaux, outils agricoles ou de l'artisanat (remarquable section consacrée au tissage), costumes traditionnels, dessus-de-lit colorés, divers instruments de musique dont des luths incrustés de nacre… tous ces objets sont superbement mis en valeur, tels des œuvres d'art, dans des vitrines savamment éclairées. Cet esthétisme s'accompagne d'un réel souci pédagogique. Ne manquez pas le deuxième étage, pas très bien indiqué.

2892 09 11 10 www.cretanethnologymuseum.gr Avr.-oct. : tlj. 10h-18h 3€

Site minoen et séducteur

Phaistos ★

Moins abusivement restauré que Knossos, mais moins évocateur que Malia, voici Phaistos, la deuxième plus grande cité palatiale minoenne de l'île (8 300m²). Le site a beaucoup d'atouts : pas de foule, une situation exceptionnelle, au sommet d'une colline d'où la vue, inoubliable, domine toute la plaine de Messara. Les ruines, restées dans leur jus, proposent tout de même un bel aperçu de ces vestiges minoens que l'on retrouve sur les autres grands sites : les gradins d'un théâtre, le plus ancien découvert à ce jour, des magasins à amphores (*pithoï*) où étaient entreposés vin et huile d'olive, une cour centrale ayant conservé son dallage d'origine, un escalier monumental, des vestiges d'appartements royaux et un bain lustral. Phaistos, baigné par le soleil, n'offre aucun ombrage ; il fera bon se réfugier dans la cafétéria (rafraîchissements et collations) dotée d'un joli point de vue. Pas de visite guidée.

8km à l'ouest de Mires, 12km au nord-est de Matala 2892 04 23 15 Avr.-août : tlj. 8h-20h ; sept.-oct. : tlj. 8h-17h ; nov.-mars : tlj. 8h-15h 8€

Ruines nimbées de mystère

Villa Agia Triada

Dans de superbes paysages de montagnes, avec la mer pour horizon, reposent les vestiges pleins de poésie de ce qui fut sans doute la résidence d'été d'un haut dignitaire de Phaistos (1600 av. J.-C.), établie sur une colline. S'il reste peu de choses, on reconnaîtra les quartiers royaux, un dédale d'ateliers et d'entrepôts, précédé d'une galerie à arcades. On voit aussi une nécropole et des systèmes de canalisation étonnamment bien conservés. Une allée dallée reliait la villa au palais de Phaistos. C'est une joie de déambuler entre les pins, presque solitaire tant le site est ignoré des touristes. Peu d'explications in situ, mais un plan sommaire remis à l'entrée aide à la compréhension. Enfin, grimpez jusqu'à la chapelle byzantine Agios Goergios (14e s.) qui recèle quelques traces de fresques.

3km à l'ouest de Phaistos Tlj. 8h-16h 4€

Agia Triada

L'anse de Matala

MATALA ET SES ENVIRONS

Tiroir-caisse

Matala

Dire que Matala est touristique est un euphémisme puisqu'une dizaine de personnes seulement y vivent en hiver. L'été, fuyez Matala, c'est archi bondé et blindé de boutiques cheap. En basse saison, cet ancien village de pêcheurs doit à son cadre naturel de conserver un semblant de charme. On comprend sans peine, en contemplant la baie et ses falaises ocre-rose, que les hippies aient pu y affluer dans les années 1960. Deux très belles plages, Kokkini Ammos et Kommos, auraient justifié à elles seules cet engouement.

Nécropole romaine

Les grottes qui trouent la falaise de Matala ont été creusées par les Romains, basés à Gortyne, pour y abriter leurs morts. Cette nécropole a été peu à peu submergée par l'élévation du niveau de la mer, le reste fut squatté à la fin des années 1960 par les hippies – Cat Stevens et Bob Dylan en tête. Ce détournement de sépultures a brouillé les pistes si bien que l'on ne sait plus très bien ce qu'on visite : une tombe ? le fumoir de Stevens ? la chambre de Dylan ?

Avr.-oct. : tlj. 10h-19h ; nov.-mars : tlj. 8h30-15h € 2€

Village serein

Pitsidia

En surplomb de la rue commerçante du front de mer se cache un village ancien aux maisons blanches et fleuries. Flânez pour une paisible promenade dans son dédale de ruelles exiguës et prolongez le plaisir en vous installant sous les arbres de la grand-place, soit à la terrasse d'**Onira**, une huilerie transformée en café-boutique par un collectif d'artisans, ou chez **Mike's Gyros,** une agréable taverne.

4km au nord-est de Matala

À FAIRE

Partez en randonnée

Gorges de Rouvas

C'est au printemps que ces gorges sont à leur top, quand l'eau cascade avec vigueur et que les floraisons explosent. L'été, partez tôt pour arriver sous les ombrages quand le soleil cogne. Départ au lac de Votomos par un sentier balisé (points rouges) grimpant entre oliveraies et maquis vers le monastère Agios Nikolaos (15min de marche). Le sentier descend ensuite dans le lit de la rivière Koutsoulidis, entre lauriers-roses et pins, au pied de hautes falaises ocre, puis remonte vers la plateforme étroite qui longe les gorges (rampes et passerelles aux passages délicats). Après 1h30 de marche, les pins cèdent la place à une exceptionnelle forêt de chênes noueux, d'ormes crétois et de platanes. À la sortie des gorges, suivre le ruisselet sur la droite pour atteindre l'aire de pique-nique (point d'eau et toilettes) que domine une modeste chapelle dédiée à saint Jean. Prévoir de bonnes chaussures.

Départ du lac Votomos ⏲ En principe praticables d'avr. à oct. – mais la Koutsoulidis peut être en crue au printemps et en automne Compter 5,2km du lac à la chapelle, soit 2h30 aller. Aucune difficulté technique, mais une bonne condition physique est requise

Grotte de Kamares

Située sur le versant sud du mont Psiloritis, cette grotte domine la mer de 1 630m. Occupée dès le néolithique, elle aurait été un important lieu de culte minoen, abritant à ce titre des céramiques polychromes vieilles de 4 000 ans aujourd'hui exposées au Musée archéologique d'Héraklion. La grotte n'est accessible qu'à pied et le chemin est rude. Si vous voulez tenter l'aventure, partez tôt pour éviter la chaleur, munissez-vous d'un topo-guide (balisage peu précis) et d'une lampe-torche pour visiter la grotte. De bonnes chaussures de marche et une bonne condition physique sont indispensables. Carte topographique Anavasi - 1/25 000, Mount Idha (Psiloritis).

Kamares 9km à l'ouest de Zaros Compter 4h d'ascension et plus de 1 000m de dénivelé à partir du village de Kamares mais seulement 3h et 350m de dénivelé du parking de la taverne de Nida

Allez à la plage

Plage de Matala

Abritée au fond d'une baie que dominent les fameuses grottes, cette longue plage est aussi belle qu'agréable – mais surpeuplée en été.

Kokkini Ammos

La très belle "plage rouge" se cache derrière une colline, au sud de Matala. Le naturisme y est toléré. Méfiez-vous de la force des courants si vous vous baignez. Pour s'y rendre, suivre le fléchage "Red Beach" depuis la rue principale de Matala (20min de marche). Le site est resté vierge de toute construction, hormis une cabane de pêcheur et une taverne ouverte en principe durant l'été (location de parasols et de transats).

500m au sud de Matala

Plage de Kommos

Une immense plage sans ombre et ventée, donc peu fréquentée. Dans sa partie sud, les archéologues ont mis au jour les vestiges d'un des deux ports de Phaistos, utilisé de 1650 aux environs de 1250 av. J.-C. Ce site minoen (fermé au public) peut s'observer à travers le grillage.

6km au nord de Matala, 2km à l'ouest de Pitsidia

Kalamaki

Une petite station balnéaire appréciée des touristes grecs. Jolie plage de sable... mais beaucoup de vent.

7km au nord de Matala, via Pitsidia

Kokkinos Pyrgos

La plage est moins belle que celle de Kalamaki et tout aussi ventée. Un peu moins de monde, en revanche.

17km au nord de Matala, via Tymbaki

NOS ADRESSES

RESTAURANTS

Adresse généreuse

Vegera ♥€

Voilà une réjouissante taverne familiale. Pas de carte, laissez-vous conseiller en toute confiance ou allez choisir en cuisine. Dans tous les cas, c'est excellent, copieux, très bon marché et servi avec gentillesse. Un menu unique à 12€ comprend cinq plats, dessert et raki. Et on vous offrira en bonus une petite glace, ou le vin, ou un petit plat...

ZAROS Dans la rue principale, à 100m au-dessus et à droite de la pension Keramos 2894 03 17 30 Mars-fin nov. : tlj. 9h-dernier client

La truite de chou vert

Votomos €€

Alimentés par une cascade, les vastes bassins à truites et saumons nageant en eau de source sont gage de fraîcheur. Grand choix de garnitures et de cuissons, à la vapeur ou au gril. D'excellents poissons fumés par la maison. Attention, la terrasse peut s'avérer envahie l'été, réservez. Carte 15-25€ (selon le poisson).

ZAROS Giorgos Petrogiannakis 2894 03 10 71 www.idi-hotel.gr Tlj. 11h-2h

Manger au jardin

Alekos €

Bien caché derrière l'église du village, le beau jardin fait office de salle à manger. On s'y restaure de produits frais biologiques, de viandes locales (excellentes côtes d'agneau), le tout concocté en des recettes souvent originales. Alekos, le maître des lieux, reçoit avec douceur dans un français impeccable. Carte 10-15€.

VORI De la Grand-Place, prendre la rue à gauche avant le musée et tourner à droite de la petite église 2892 09 10 94 Tlj. 12h-0h

Bonne cuisine familiale

Gianni's Family €

Décor bleu et blanc, service assuré par les souriantes femmes de la famille, carte de spécialités traditionnelles et de fruits de mer, soutenue par un bon choix de vins : la terrasse de cette excellente taverne typique ne désemplit pas. Comptez env.12€.

MATALA Après la place à la fontaine, en allant vers le restaurant La Skala 6983 61 92 33 giannisfamily.com Avr.-nov. : tlj. 12h-16h et 18h-dernier client

Belle terrasse maritime
Taverne Petra kai Votsalo ♥€

En front de mer, face aux grottes de Matala. Tout est délicieux, du *dakos* au dessert, via les salades, grillades et poissons. La carte est traduite en français et l'accueil souriant : une bonne adresse. Quant à la terrasse, aérée, elle donne sur la plage. Comptez 14€. CB acceptée.

MATALA 2892 04 53 61 Avr.-oct. : tlj. 9h-0h ; nov.-mars : ven.-sam. 16h-tard, dim. 10h-tard

Vue et cuisine irréprochables
La Skala €€

L'enseigne la plus romantique de Matala. On aperçoit la terrasse de La Skala accrochée à la falaise tout au bout du village, à gauche en regardant la mer. Un conseil : oubliez la carte et choisissez un des plats du jour en allant directement à la cuisine. Comptez 15€-20€.

MATALA 2892 04 54 89 Fin mars-oct. : tlj. 12h-1h

Panorama époustouflant
Vrachos €€

Dominant l'immense plage de Kommos, cette taverne offre un point de vue superbe. Dans l'assiette, poisson frais ou soupe de poisson maison, la *kakavia*... à déguster en terrasse, cela va de soi ! Env. 15-18€.

MATALA Plage de Kommos 6983 61 18 71 Avr.-oct. : tlj. 11h-0h

SHOPPING

Tissages de qualité
Mitos

Les napperons et les tapis, brodés sur place par une femme charmante, sont aussi beaux que bon marché.

ZAROS Rue principale 2894 03 13 16 www.mitos-zaros.gr Lun.-sam. 9h30-22h, dim. 11h-21h

Tout pour la musique
Antonis Stefanakis

L'atelier de fabrication de luths et de lyres crétoises d'Antonis Stefanakis est réputé dans toute l'île. Il pourra vous parler pendant des heures de la musique insulaire.

ZAROS Dans la rue principale, côté ouest 2894 03 11 52 Pas d'horaires d'ouverture précis (appeler)

Antonis Stefanakis

LA CÔTE SUD

La côte sud, celle du département d'Héraklion, est couronnée par les monts Asteroussia. Paysages arides, lunaires, et reliefs tourmentés plongent directement dans la mer de Libye. De vieux villages montagnards, hors du temps, regardent le littoral depuis leur perchoir. Quelques stations balnéaires proposent de belles plages et un doux farniente.

ACCÈS ET INFOS

- Aucun distributeur de billets à Keratokambos. Donc pensez à retirer des espèces à Ano Viannos.
- KTEL Trois liaisons par jour du lun. au ven., deux le sam. et une le dim., entre Ano Viannos et Héraklion (7,40€). 2810 24 65 30 http://bus-service-crete.com

À VOIR

LE FLANC SUD DES ASTEROUSSIA

Les monts Asteroussia s'étirent de la plaine de Messara à la mer de Libye, culminant au mont Kofinas (1 231m). Les gorges d'Agiofarrago, Tripitis et Martsalou ont taillé de profondes entailles dans la roche, invitant à de belles randonnées. La route qui grimpe en lacets de la plaine de Messara offre des vues magnifiques à savourer depuis les villages perchés d'Ethia, de Paranymfi ou de Kapetaniana. Sur la côte, de petites stations balnéaires, très prisées des Grecs, invitent au séjour.

Un charme zen
Lentas

Une petite plage, des ruelles fleuries de bougainvillées épousant les caprices de la falaise, de nombreuses pensions, des tavernes et quelques bars : Lentas est une station d'habitués. Son charme décontracté et cosmopolite se mérite : la route sinueuse qui y mène offre, en consolation, de superbes paysages.

Camping et naturisme
Dytiko (Diskos)

C'est un lieu délicieux aux eaux cristallines, aux ambiances relaxantes, doté d'une superbe et longue plage de sable, d'une épicerie, de quelques pensions et de plusieurs tavernes. Dytiko, fréquentée par les naturistes, est aussi un bon choix pour les campeurs qui peuvent planter librement leur tente ou leur hamac le long d'un rivage bordé de tamaris.

1,8km à l'ouest de Lentas (15 à 20min à pied) En car 3 liaisons/sem. (lun., mer., ven.) Héraklion-Dytiko

Petit paradis montagnard
Kapetaniana

Vieux village parfaitement restauré : des ruelles dallées, une vingtaine de belles maisons aux pierres apparentes et aux toits de tuile. De sa crête panoramique,

À NE PAS MANQUER

- Dytiko (Diskos)
- Ano Viannos

Le village de Kapetaniana, au cœur des monts Asteroussia

Kapetaniana offre des vues époustouflantes sur la campagne et la mer, qui n'est qu'à 8km. Une jolie église byzantine du 14e s. abrite des fresques en bon état. Calme souverain et nuits étoilées.

32km à l'est de Lentas, via Vagionia

D'ANO VIANNOS À TSOUTSOUROS

Halte rurale

Ano Viannos

Cet important village accroché au flanc sud du mont Dikti, surplombant de vastes oliveraies, peut faire l'objet d'une agréable étape entre Ierapetra et Héraklion. On y trouve une église ornée de fresques médiévales, quelques jolies ruelles, une placette que domine un imposant platane et quelques chambres à louer.

70km au sud-est d'Héraklion et 73km à l'est de Lentas

Église Agia Pelagia

L'intérieur de cette église modeste, à une seule pièce, est tapissé de magnifiques fresques byzantines datées du 14e s., dont *L'Entrée du Christ à Jérusalem*, *La Punition des damnés*, *La Résurrection de Lazare*.

Sur les hauteurs d'Ano Viannos (suivre les panneaux) Tlj. 8h-coucher du soleil
Entrée libre

Idéal pour le farniente

Keratokombos

Une maigre rivière sépare Kastri de Keratokombos. Ces deux villages de pêcheurs et d'agriculteurs forment une bourgade paisible ouvrant sur une large baie. Vous y serez presque seul, sur la plage comme dans les tavernes, sauf le

Sur les hauteurs de Tsoutsouros

week-end ou en août quand le lieu se remplit de touristes grecs et crétois. ici, il n'y a tout simplement rien à faire... sinon partir à la recherche d'un coin de plage désert armé d'un livre, d'un masque et d'un tuba.

12km au sud d'Ano Viannos

Pour sa plage
Tsoutsouros

De Keratokambos, il suffit de longer la côte vers l'ouest pour accéder à cette petite station balnéaire. D'Ano Viannos, il faut suivre la route splendide, mais toute en épingles à cheveux, qui dévale les monts Asteroussia. Tsoutsouros n'a pas grand charme, mais sa longue plage orientale peut faire l'objet d'une pause agréable.

12km à l'ouest de Keratokambos

À FAIRE

Allez à la plage
À Lentas et alentour

Lentas est bordé par une petite plage de sable gris. Une autre, plus grande, plus belle et moins fréquentée, pourvue de deux tavernes attrayantes aux terrasses ombragées, se trouve vers l'est à 5min en voiture ou 20min à pied. **Dytiko** possède une belle et longue plage de sable, le plus souvent calme, où pratiquer le naturisme. En poursuivant vers l'ouest sur environ 5km, vous atteindrez la plage de **Limanaki** (comptez 1km de piste caillouteuse à partir du panneau indiquant la bifurcation, passé le village de Tsigouna). Si vous désirez vraiment être seul, rendez-vous sur la plage de **Platia Peramata**, souvent déserte, à 7km après le panneau pour Limanaki en suivant la piste caillouteuse.

À Keratokambos

Keratokambos possède trois plages : la plus longue, bordée de tamaris, à l'est des tavernes, les deux autres de part et d'autre du petit port de pêche, à l'ouest du village. On trouve une plage de sable isolée en suivant la route côtière Keratokambos-Arvi sur 8km (guettez l'indication "Beach" peinte sur le mur d'une maison). En longeant la côte vers l'ouest sur 2km en direction de Tsoutsouros, un large bas-côté dans un virage permet de garer sa voiture. En contrebas vous attend une jolie plage de sable, parfois fréquentée par les naturistes.

NOS ADRESSES

RESTAURANTS

Mijotages à prix d'amis

O Giorgos €

Pour une halte rapide ou prolongée, deux formules : soit on grignote sur le pouce des *gyros* et *souvlakia*, soit on s'installe pour déguster des plats mijotés, chaque jour renouvelés. Les 2 formules sont à prix d'amis : comptez moins de 10€.

ANO VIANNOS Face à la grande église et à côté de la pâtisserie Tlj. 9h-22h sauf le samedi en été

Plats tradi sous les ombrages

O Platanos €

Ce petit café est idéal pour une pause à l'ombre d'un immense platane (comme son nom l'indique !), parmi les villageois commentant les derniers cancans... Mais on peut aussi prolonger le moment en appréciant une saine cuisine familiale : escargots à la crétoise, plats au four, salades. Comptez 10€.

ANO VIANNOS Rue principale 2895 02 24 54 Tlj. 7h-dernier client

Simple et chaleureux

Taverne Liviko €

Pour son savoureux cabri à la tomate (6€) mais aussi son poisson tout frais. D'ailleurs, Manolis, le chaleureux maître des lieux, se fera un plaisir de vous montrer la pêche du jour. Comptez 12-15€.

KERATOKAMBOS En bord de mer 2895 05 12 90 Mai-oct. : tlj. 10h-0h

Poisson fraîchement débarqué

Taverne Tzimis €€

L'unique taverne ouverte à l'année du petit port de pêche de Keratokambos. On y déguste du poisson frais à prix doux, sous les tamaris ou la tonnelle. Prévoyez 10-20€ (15-45€ le kg de poisson, 50€ le kg de langouste).

KERATOKAMBOS 2895 05 12 28 Tlj. 8h-0h

Avec pour capitale la station balnéaire d'Agios Nikolaos, le district du Lassithi occupe l'est de la Crète. La destination est prisée pour ses plages, mais le voyageur curieux prendra son temps sur le plateau du Lassithi, perché à 850m d'altitude, qui donne son nom à la région.

Le Lassithi

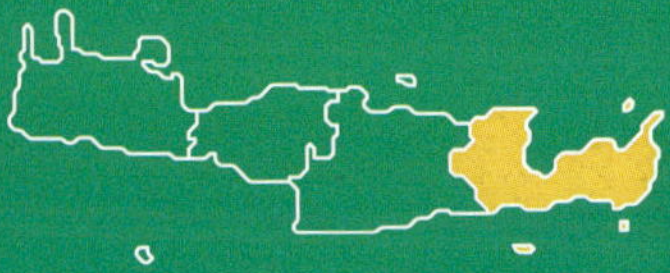

Champ d'oliviers à Elounda

Plan 2

HÉRAKLION
LE PIRÉE
Amygdalia
Selles
CHERSONISOS
GROTTE DE MILATOS
MONASTÈRE D'ARETIOU
BAIE DE MALIA
Plaka
HÉRAKLION
MALIA
Milatos
SPINALONGA
E75
FOURNI
PRESQU'ÎLE DE SPINALONGA
MALIA
Vrachasi
Latsida
DRIROS
KASTELI
ÎLE DE KOLOKYTHA
Vouloúsmeni
NEAPOLI
ELOUNDA
OLOUS
Gonies
Krassi
Avdou
Kera
Messa Potami
90
Lagou
Tzermiado
AGIOS NIKOLAOS
PSIRA
PLATEAU DU LASSITHI
LATO
Psychro
Agios Georgios
ÉGLISE PANAGIA KERA
GOLFE DE MERAMBELLO
Kritsa
PLATANOS
GROTTE DE ZEUS / DIKTAION ANDRON
MONT DIKTI 2 147 M
E75
Kroustas
Kavoussi
Pachia Ammos
Istron
E75
FORÊT DE SELAKANO
GOURNIA
Thrypti
Selakano
GORGES DU CHA
Katofini
Messeleri
MONASTÈRE PANAGIA FANEROMENI
Kalamafka
Christos
Monastiraki
Schinokapsala
Anatoli
LAC DE BRAMANIA
Episkopi
Agia Fotia
DISTRICT D'HÉRAKLION
BARRAGE DE BRAMANIA
Vainia
FOURNOU KORYFI
97
MYRTOS
Koutsounari
AGIOS ANTONIOS
IERAPETRA
Arvi
CHRYSSI

MER DE CRÈTE
DRAGONADA
GIANISSADA
RHODES
ITANOS
Vaï
BAIE DE GRANTES
MARIDATI
MONASTÈRE DE TOPLOU / PANAGIA AKROTIRIANI
MONASTÈRE DE FANEROMENIS
SITIA
BAIE DE SITIA
KOUREMENOS
PALEKASTRO
CHIONA
ROUSSOLAKOS
Kalavros
E75
Skopi
Mochlos
Chamezi
Agia Fotia
Piskokefalo
Sfaka
Exo Mouliana
ROUSSA EKLISSIA
Chochlakies
BAIE DE KAROUBES
GORGES DE CHOCHLAKIES
Karydi
Lastros
Sandali
Katsidoni
Adravasti
Sitanos
VALLÉE DES MORTS
PRAISSOS
Nea Praissos
Kalamafki
Kato Zakros
Chryssopigi
ZAKROS
PLATEAU DE CHANDRAS
PALAIS DE ZAKROS
BAIE DE ZAKROS
VOÏLA
Chandras
Lamnoni
Orino
Stavrochori
Pefki
Lithines
Armeni
ZIROS
Makrygialos
Analipsi
Xerokambos
KOUFONISSI
N
5 km
MER DE LIBYE

★ LES INCONTOURNABLES

★**MONASTÈRE DE TOPLOU** (p.112) pour son complexe architectural et ses icônes exceptionnelles.

★**GOURNIA** (p.107) pour les vestiges uniques de cette ville minoenne.

★**PANAGIA KERA** (p.97) pour les fresques d'exception de cette église.

NOS CONSEILS

Quoi de mieux que quelques astuces et bons plans pour réussir votre périple dans l'est de l'île ?

Visitez le berceau de Zeus

La grotte de Zeus (p.97) se mérite et s'aborde avec précaution : le chemin d'accès très escarpé, s'avère glissant, en descente, surtout. Et il l'est d'autant plus qu'à cette altitude (1 035m), il pleut souvent. Chaussez-vous en conséquence et couvrez-vous car la caverne affiche une température constante d'environ 10 °C.

Offrez-vous la Crète sur un plateau

Après avoir lézardé sur la plage, évadez-vous par des routes pittoresques et panoramiques vers le haut plateau du Lassithi. C'est un monde paysan, où la Crète, restée fidèle à elle-même, se livre dans son authenticité. Si vous avez peu de temps, offrez-vous le trio gagnant : église Panagia Kera (p.97), village de Kritsa (p.98) et site antique de Lato (p.98). Ces trois lieux tiennent dans un mouchoir de poche.

L'église Panagia Kera

Arrivez tôt !

Le conseil vaut pour beaucoup de sites sélectionnés par les tour-opérateurs… et particulièrement pour la visite de l'église Panagia Kera et de ses fresques. L'édifice est petit, donc vite saturé. Arrivez avant les cars de touristes, à l'ouverture, et achetez au kiosque d'entrée le fascicule explicatif, bien conçu.

Faites du shopping à Agios Nikolaos

Agios Nikolaos, l'une des stations balnéaires les plus sélectes de Crète, propose un shopping de qualité. C'est assez rare pour être signalé. Laissez-vous tenter. La plupart des belles enseignes se trouvent autour du lac. Allez-y un mercredi, jour de marché : vous combinerez achats-plaisir ou souvenirs et panier pique-nique.

Laissez-vous bercer par les chants grecs

Sitia et ses environs offrent de belles opportunités de villégiature, et ce, d'autant plus que se déroule, de début juillet à mi-août, un intéressant festival de musiques et de danses traditionnelles, assorti d'expositions d'art populaire. Il s'agit du Kornaria festival (p.215) se tenant

Boutique d'antiquaire à Agios Nikolaos

en partie dans les ruines restaurées de la forteresse vénitienne. Cadre magique.

Évadez-vous sur une île déserte

Déserte ? Pas tout à fait, puisque l'été, l'île paradisiaque de Chryssi (p.103) est desservie par bateau. Une fois passée la première plage, fréquentée, des criques offrent tranquillité, sable rose et eaux translucides. Pour la sieste, cèdres et pins font office de parasol. Ne vous avisez pas d'emmener votre chien ou de camper sur cette île classée zone naturelle, c'est rigoureusement interdit.

✖ Attention aux courants

Méfiez-vous de l'eau qui dort : la belle et douce Méditerranée a ses caprices, même par temps calme. C'est particulièrement vrai à Mochlos (p.111), entre le port et l'île déserte séparés par seulement 200m. On peut être tenté de s'y rendre à la nage, mais, là plus qu'ailleurs, les courants guettent.

RENDEZ-VOUS AVEC…

Myrto a grandi et vit à Ierapetra. Dans sa boutique ouverte depuis 2010, elle expose ses créations et celles de jeunes talents grecs. Elle est passée par Athènes et Londres pour étudier le design intérieur et c'est en revenant à Ierapetra qu'elle a décidé de composer un univers… à porter sur soi : les bijoux.

Ma taverne au bord de l'eau

Kleio

Pour manger une cuisine saine et savoureuse les pieds dans l'eau, je vais chez Kleio, à quelques kilomètres de Ierapetra. C'est le cocktail idéal : une longue plage de sable, une terrasse sous les tamaris, du poisson frais ou de la viande cuite au four à bois, le tout servi avec un petit vin frais. J'y passe des heures entre plongeons dans la mer cristalline et discussions avec les amis à table.

Livadia Ierapetra 2842 02 84 20 kleio-restaurant.blogspot.gr Mar.-dim. 12h-0h Fermé décembre

Mon bar

Dipla

Vers 20h, après la fermeture de ma boutique, je vais m'asseoir au Dipla pour boire une *tsikoudia* ou une margarita avec des amis. C'est là que je me détends après une journée concentrée sur mes bijoux. L'ambiance y est décontractée, la déco légèrement teintée de vintage et la musique légère comme la brise du soir. Il y a même deux balançoires !

Epar. Od. Ierapetras-Pachias Ammou 24 Ierapetra 2842 02 33 21 Tlj. 9h-dernier client

ADRESSES

- **A** Kleio
- **B** Dipla
- **C** Gorges de Sarakinas
- **D** Pezoulia
- **E** Mochlos

Ma randonnée fétiche

Les gorges de Sarakinas

C'est pour moi l'une des plus belles randonnées de Crète. Juste après le village côtier de Myrtos, je pars pour une aventure nature. Même

SI MA RÉGION ÉTAIT…

Une fleur Ce serait celle du jasmin. Il y en a partout à Ierapetra. Cette plante qui grimpe en buisson, donne une fleur très délicate qui produit un parfum oriental entêtant et inoubliable. On dirait un petit bijou finement ciselé.

Mochlos et son anse paradisiaque

s'il faut de bonnes chaussures pour escalader les rochers, ce n'est pas épuisant (juste 1,5km) et c'est époustouflant : pendant des millénaires, l'eau a sculpté la roche de façon spectaculaire.

21km à l'ouest de Ierapetra

Mon havre de paix

Pezoulia

Pour faire un break, je passe une nuit ou deux dans le petit village de montagne de Selakano (p.104). Je rejoins Pezoulia, un site d'agrotourisme à 1 000m d'altitude près d'une forêt de chênes et de pins. L'été, c'est rafraîchissant et l'hiver, c'est magique ! J'ai suivi le guide de montagne sur le sentier européen E4 et j'y ai appris à faire le pain comme le faisait ma grand-mère. Pour moi tout y est : détente, nature, et... silence.

34km au nord-ouest de Ierapetra

Mon village côtier

Mochlos

Je pars souvent le dimanche passer la journée à Mochlos (p.111). Cette petite anse me convient tout à fait : peu ou pas de voitures, des tavernes les pieds dans l'eau, deux bars et le petit îlot de Mochlos juste devant soi. Je déjeune à la taverne Kocchilia et bois un café au bar The Rocks. Je m'enfonce dans ma chaise longue posée sur les rochers et m'imprègne des couleurs du coucher de soleil avant de rentrer.

30km au nord-est de Ierapetra

POUR VOIR MES CRÉATIONS

Ma boutique est située dans le centre.
Ethnikis Antistaseos 4 Ierapetra
2842 02 72 75 Avr.-oct. : tlj. 9h-14h et 18h-21h ; nov.-mars : lun., mer. et sam. 10h-14h, mar. et jeu.-ven. 10h-14h et 18h-21h

AGIOS NIKOLAOS

Avec son petit côté Saint-Trop', ses ambiances un peu bling-bling... Agios Nikolaos n'a rien de typiquement crétois. C'est une des villégiatures les plus chics de l'île, comptant dans sa périphérie une forte concentration de palaces et proposant un shopping de qualité. Le cadre est magnifique : sur les rives du golfe de Merambello, la ville est bâtie à la fois autour d'un lac et en bordure de plages.

À VOIR

AGIOS NIKOLAOS

Agios Nikolaos étage en belvédères ses maisons blanches face à la mer et autour d'un lac légendaire que les Anciens pensaient "sans fond". Si la ville s'est construite sur le site de l'antique Lato qui connut son apogée au 3e s. av. J.-C., ses ambiances sont aujourd'hui résolument contemporaines, et le touriste est roi. Il trouvera des tavernes consciencieuses, des hébergements à tous les prix et des bars branchés, repaires d'une "jeunesse dorée".

ACCÈS ET INFOS

- Gare KTEL d'Agios Nikolaos Cars pour Héraklion (1h-1h30 de trajet), Sitia (1h30), Ierapetra (45min), Kritsa (15min) et le plateau du Lassithi (1h15). Pour Elounda (15min) et Plaka (30min), arrêt à côté du pont, près de l'OT, toutes les 30min env. Epimenidou (au nord de la ville, près de l'hôpital) 2841 02 22 34 www.bus-service-crete.com www.ktelherlas.gr
- Office de tourisme Horaires des cars et des bateaux pour Spinalonga, plans de la ville et change. Akti Koundourou 21A (juste à côté du pont, entre le lac et le port) 2841 02 23 57 Avr.-nov. : tlj. 10h-15h ; juil.-août : tlj. 10h-18h

Douce nostalgie
Musée des Arts et Traditions populaires

Plein de charme, il laisse deviner ce qu'était la vie à Agios Nikolaos avant le développement touristique : costumes, bijoux, photos de famille, textiles décoratifs, objets du quotidien...

Kons. Paleologou 1 Mai-oct. : mar.-dim. 10h-14h 3€

Collections minoennes et romaines
Musée archéologique

Le deuxième musée de l'île (après celui d'Héraklion) offre une collection couvrant l'Antiquité, du néolithique à la fin de l'époque romaine. On y admire des pièces remarquables, à commencer par cet émouvant chef d'œuvre : la *Déesse de Myrtos*, petite idole en terre cuite représentant une femme nue portant une cruche. Ses formes stylisées, archaïques, évoquent les statues précolombiennes. Surprenante aussi, cette impressionnante tête d'athlète couronnée de feuilles de laurier en or, datant de la période romaine. La pièce en argent placée dans sa bouche était destinée à payer la traversée du fleuve Styx permettant de rejoindre le royaume des morts. Les amateurs de joaillerie

À NE PAS MANQUER

- Musée archéologique (Agios Nikolaos)
- Presqu'île de Spinalonga
- Diktaion Andron

La baie d'Agios Nikolaos

apprécieront quelques bijoux remarquables, parmi lesquels une épingle à cheveux en or portant une inscription en linéaire A, écriture minoenne. On peut également voir de superbes sarcophages ornés de motifs floraux, d'oiseaux et de poulpes, thèmes de prédilection des artistes minoens.

Konst. Paleologou 74 2841 02 49 43 Mar.-dim. 8h-17h Fermé pour travaux (ouverture prévue été 2018, sous réserves) 3€

AU NORD D'AGIOS NIKOLAOS

Pour une pause en fin de journée

Elounda

Elounda est implanté au cœur d'une baie naturelle fermée par la presqu'île de Spinalonga. Ce petit port de pêche, qui fut longtemps un spot haut de gamme attirant les stars, figure désormais au catalogue des tour-opérateurs. Passez-y en fin de journée, à l'heure où la plupart des vacanciers rentrent à l'hôtel, où les montagnes environnantes se parent de belles couleurs et où la plage de sable retrouve sa quiétude. Heureusement, les hameaux rattachés à Elounda – Epano Elounda, Mavrikiano – sont encore protégés du tourisme de masse.

11km au nord d'Agios Nikolaos

Petites criques et vieilles salines

Presqu'île de Spinalonga

Vous y verrez les vestiges du port antique d'Olous et ceux du pavage, à motifs de poissons, d'une basilique paléochrétienne. Les salines qui bordent l'isthme furent exploitées par les Vénitiens, les Turcs puis les Grecs avant de fermer en 1972. Sur la côte est de l'isthme, une petite plage invite au plongeon.

5km à l'est d'Elounda via Plaka

Une visite poignante

Île de Spinalonga

Au nord de la presqu'île, l'île de Spinalonga doit en partie son succès à un roman sentimental tiré à 2 millions d'exemplaires et adapté pour la télévision grecque : *L'île des oubliés*. Malgré l'affluence, le site conserve un pouvoir évocateur certain avec sa forteresse vénitienne qui résista à l'ennemi turc jusqu'en 1715 et abrita une léproserie de 1903 à 1957. Quelque 500 malades vécurent là, tous corps de métiers confondus, organisant leur vie recluse "en citoyens ordinaires" au cœur d'un village aujourd'hui à l'abandon. Émotion garantie.

Accès d'Elounda Mai-oct. : tlj. 9h30-16h30 (18h en août), 1 ou 2 départs/h De Plaka Avr.-oct. : tlj ; reste de l'année : le week-end. Départ toutes les 30min, de 9h à 17h30 D'Agios Nikolaos Départs tlj. à 12h30 et 14h

Étape de charme

Plaka

Cet ancien village de pêcheurs, où sèchent encore quelques filets, vit aujourd'hui au rythme du tourisme, comme en témoigne son complexe de luxe (Blue Palace Resort). C'est une étape paisible et charmeuse avec sa petite plage de galets gris, face à l'île de Spinalonga, et son chapelet de tavernes à poissons en front de mer. N'hésitez pas à suivre la route panoramique qui s'envole au nord de Plaka vers les villages paisibles de l'arrière-pays (au nord Selles et Mironikitas, au sud Fourni et Kasteli).

5km au nord d'Elounda

Une superbe iconostase

Monastère d'Aretiou

Ce monastère fortifié, fondé vers 1600 et bien restauré, est dédié à la Sainte-Trinité (Agia Triada). Son église possède une remarquable iconostase ; sur le mur de droite, on découvre deux copies de la célèbre *Agia Triada* du moine russe Andreï Roublev, peintre d'icônes du 15e s. Au retour, vous pouvez redescendre par Plaka : la route offre des vues splendides sur la mer.

Env. 15km au nord-ouest d'Elounda via Karydi 2841 03 21 20 Tlj. 8h-21h

À L'OUEST, LE PLATEAU DU LASSITHI

Cette cuvette fertile étend ses champs et vergers à près de 900m d'altitude sur env. 50km^2. Çà et là tourbillonnent les ailes drapées de toile blanche de moulins à vent construits par les Vénitiens pour assurer l'irrigation de la région. Au 17e s., on en dénombrait 20 000, mais il n'en reste guère que 5 000, le plus souvent en ruine, la plupart ayant été relayés par des pompes à eau électriques... Du plateau, on peut monter jusqu'au Diktaion Andron, la grotte où aurait grandi Zeus.

Musée du Folklore

Agios Georgios

Le bourg le plus intéressant du plateau. On y trouve un petit musée du Folklore (sur les hauteurs du village) réunissant deux bâtiments du début du 20e s. :

Terrasse et tomates dans le Lassithi

une maison villageoise avec son cellier, son four, son étable et une pièce consacrée aux anciens métiers traditionnels ; une construction néoclassique, qui abrite des œuvres de peintres et de sculpteurs sur bois crétois, ainsi que des tissages, des uniformes, des armes...

42km à l'ouest d'Agios Nikolaos

La grotte de Zeus

Diktaion Andron

Pour accéder à la grotte de Zeus (2 200 m^2 !), il faut gravir à pied ou à dos d'âne les 800m d'un sentier raide. La caverne – une vaste salle pentue – est spectaculaire avec ses concrétions et sa nappe d'eau, le "Bain de Zeus". C'est là, en effet, que Rhéa aurait élevé en secret son fils pour le soustraire à la fureur cannibale de son père, Cronos. La visite se fait de plus en plus fascinante au fur et à mesure qu'on pénètre les entrailles de la grotte, jusqu'à découvrir la salle profonde où Zeus serait né. Ce site, occupé dès le néolithique, fouillé en 1900, a livré de nombreux objets votifs.

À 47km d'Agios Nikolaos En car prendre le car pour Psychro (1h30, 5,80€), le village le plus proche, puis terminer à pied (10min) 2841 02 24 62 Mai-oct. : tlj. 8h-20h ; nov.-avr. : tlj. 8h-15h € 4€

AU SUD-OUEST D'AGIOS NIKOLAOS

Des fresques hors du commun

Église de la Panagia Kera ★

Bien que de petite taille, Sainte-Madone est l'une des plus remarquables églises de l'île, par son architecture et la qualité de ses fresques (du 13e au 15e s.). Structurées en 14 panneaux, elles couvrent murs, voûtes et dôme, relatant, fait rare, les évangiles apocryphes (non officiels). Belle représentation de *L'Ascension*, convergeant vers le Christ-Pantocrator. De chaque côté, les apôtres admirent le Messie. D'autres épisodes sont tout aussi magistralement représentés : *Le Massacre des Innocents*, *La naissance du Christ*, *Saint Georges terrassant le dragon* et *La Cène*, où s'observe un Judas particulièrement hideux. Les fresques contant la vie de sainte Anne, mère de la Vierge (début du 15e s.) trahissent l'influence de la Renaissance italienne. Au *Jugement dernier* se remarque un couple champêtre sur fond blanc qui figure les donateurs ayant financé la construction de l'église. C'est l'un des rares portraits réalistes de Crétois du Moyen Âge qui nous soient parvenus. Enfin, attardez-vous devant *Le Paradis*, où les patriarches tiennent les âmes sur leurs genoux.

7km au sud-ouest d'Agios Nikolaos, sur la route de Kritsa 2841 05 15 25 Mar.-dim. 8h-15h € 2€

IL ÉTAIT UNE FOIS
Native de Krista, Kristotopoula, de son vrai nom Rhodante, fut une héroïne crétoise de la résistance contre les Ottomans. Ayant décapité un officier turc qui l'avait enlevée, elle s'illustra brillamment, travestie en homme, lors de la bataille de Lato en 1883. Son buste trône sur la place Mélina Mercouri de Krista.

Le village de Kritsa

Le paradis des brodeuses
Kritsa

Perché à flanc de montagne, Kritsa a fière allure. Ce village est riche d'une longue tradition de tissage. La rue principale n'est plus qu'une enfilade de boutiques à napperons brodés et dentelles, lesquelles alternent avec d'intéressants ateliers d'artisans d'art. Pour y déjeuner, choisissez une des tavernes de la partie haute du village, les plus agréables.

10km au sud-ouest d'Agios Nikolaos

Ruines envoûtantes
Lato

De ce site haut perché, la vue cadre largement sur la baie de Merambello en un panorama superbe offrant mer et montagne. Une carte postale résumant la Crète. Les vestiges sont ceux d'une ville fondée au 7e s. av. J.-C., alors un des centres les plus importants de l'Est crétois. Il reste peu de choses : des murs et des colonnes dessinant des pièces, un temple, une agora, une grande citerne carrée, un petit théâtre à gradins... Pourtant, l'étendue des ruines, la vue, le charme des lieux font de cette visite un moment envoûtant.

Env. 20min de marche au nord de Kritsa ☎ 2841 02 51 15 ◷ Mar.-dim. 8h-15h € 2€

À FAIRE

Allez à la plage
À Agios Nikolaos

La plage la plus longue est celle d'**Almyros**, à 2,5km au sud. Celle de **Kitroplatia**, à l'extrémité est de la ville, est particulièrement agréable le matin et en fin d'après-midi, quand il n'y a pas trop de monde.

À Elounda

La belle plage sablonneuse qui s'étend au nord du port d'Elounda est très fréquentée l'été. Celle de sable et de galets qui borde l'isthme de la presqu'île de Spinalonga est moins jolie, mais plus tranquille. Le sentier qui permet de rejoindre l'agréable **baie de Kolokytha** dessert une minuscule crique de sable, elle aussi très prisée des estivants.

Plongez

Happy Divers

Un club réputé à l'équipe sympathique et compétente. Nombreuses possibilités de sites de plongée dans le **golfe de Merambello**. Env. 65€ le baptême.

Akti Koundourou Face au Coral Hotel Agios Nikolaos ☎ 28410 82 546 www.happydivers.gr
🕒 Avr.-oct. : tlj. 9h-20h

NOS ADRESSES

PAUSES

The place to be

Café-pâtisserie Asteria

Derrière une belle façade néoclassique à deux étages, cette institution locale est incontournable pour une pause-café accompagnée d'une pâtisserie ou d'un chausson au fromage. La grande terrasse déborde sur la rue, idéale pour voir ou être vu. Mais c'est à l'intérieur que ce café se distingue, grâce à sa salle élégante et son balcon où il fait bon s'attarder au crépuscule autour d'un verre.

AGIOS NIKOLAOS Koundourou 40 (en face du port) ☎ 2841 02 24 52 🕒 Mai-nov. : tlj. 7h-4h ; déc.-avr. : tlj. 7h-1h

Bar culturel

Peripou

Agréable terrasse donnant sur le lac. On y écoute, en outre, de l'excellente musique (tendance musiques du monde) dans un cadre cosy. L'endroit fait également office de librairie et de bar.

AGIOS NIKOLAOS 28-Oktovriou 25 ☎ 2841 02 48 76 🕒 Tlj. 9h30-1h30

RESTAURANTS

Douce addition, estomac comblé

Karnagio €

Cette adresse sans manière déploie ses tables colorées devant le lac, et la qualité est là. L'endroit est idéal pour boire un raki accompagné des indispensables *mezedes* ! Assiette de viandes à la broche 14,50€ pour deux. Les portions sont généreuses, l'accueil attentif et les tarifs défiant toute concurrence.

AGIOS NIKOLAOS Kons. Paleologou 1-24 ☎ 2841 02 59 68 http://karnagioagiosnikolaos.com 🕒 Tlj. 12h-2h

Goûteuse simplicité crétoise

Sarri's €

Taverne sans prétention, loin de la foule. Les plats crétois, frais et maison, se marient avec un cadre sympathique : terrasse de gravier et vue sur l'église de la Panagia. Carte 10-15€ et bon rapport qualité-prix.

AGIOS NIKOLAOS Kyprou 15 Avr.-oct. : tlj. 10h-15h et 18h-23h

Temple des saveurs carnées

Amalthea €

Cet agréable restaurant de bord de mer invite aux saveurs carnées. Sa spécialité : des pâtes fraîches maison garnies d'*apaki*, porc fumé aux épices. Un régal. Cuisine ouverte sur d'appétissantes viandes tournoyant sur leur broche et décor rafraîchissant où domine le blanc. Accueil très chaleureux. Comptez 10-15€.

AGIOS NIKOLAOS Akti P. N. Pangalou 17 Kitroplatia 2841 02 18 01 Mai-oct. : tlj. 11h-1h ; nov.-avr. : tlj. 12h-23h

Décor et cuisine de tradition

Portes ♥€

On ferait bien sa "cantine" de cette charmante taverne à l'accueil adorable. Sol de mosaïque, meubles anciens et murs ocre jaune dessinent un décor rustique où déguster une vraie cuisine crétoise. Coup de cœur garanti à petits prix. Carte 10-15€.

AGIOS NIKOLAOS Anapafseos 3 2841 02 84 89 Lun.-sam. 12h-0h

Savoureux havre de paix

Pelagos €€

Des mets raffinés, servis dans une petite maison néoclassique au décor soigné, ou dans un jardin calme et arboré. Crevettes, soles, espadons... les produits de la mer sont à la fête et l'assortiment de hors-d'œuvre, ou la moussaka révèlent le talent du chef. Également quelques plats français. Carte 15-25€.

AGIOS NIKOLAOS Stratigou Koraka 11 2841 02 57 37 Mars-oct. : tlj. 12h-0h

Se régaler sous la tonnelle

Avli €€

Cette taverne, l'une des meilleures du centre, a su tenir ses prix. On s'y restaure de grillades variées, de plats en sauce ou de la spécialité de la maison, l'agneau aux artichauts. Pour cadre, une charmante cour ombragée de figuiers et citronniers et une grande tonnelle couverte de vigne. Environ 18-20€ le repas.

AGIOS NIKOLAOS Prinkipos Georgiou 12 2841 08 24 79 Avr.-oct. : tlj. 12h30-15h et 19h-23h

Qui dit mieux ?

Maritsa

Un *rakadiko* traditionnel : un verre de raki et un *meze* à partir de 1,50€.

ELOUNDA 2841 04 15 11 Tlj. 7h-0h

Terrasse panoramique

The Hope / to Rakadiko tou Kamari €

Dans le hameau de Mavrikiano, cette taverne traditionnelle domine la baie avec une vue épatante. Joli choix de plats maison et familiaux, de viandes ou de poissons, servis copieux et avec gentillesse. Ambiance authentique et musique live surprise. Comptez 10-12€.

ELOUNDA Mavrikiano (1,5km au nord-ouest du centre d'Elounda) 6972 29 51 50 Mi-avr.-mi-nov. : tlj. 11h-0h30 ; mi-nov.-mi-avr. : mar.-sam. 13h-23h

Un must crétois

The Ferryman Taverna ♥€€€

La meilleure adresse d'Elounda, et dans le trio de tête des restaurants crétois ! Dans un cadre divin, au bord de l'eau, on y savoure des spécialités crétoises, poulet fermier et agneau de lait, mais aussi des fruits de mer et poissons frais. Une cuisine supervisée par le chef Ioannis Baxevanis, bien connu des Athéniens. Comptez autour de 25€ et réservez pour avoir une table en bord de mer.

ELOUNDA Akti Olountos (sur le port) 2841 04 12 30 Mai-fin oct. : 12h-1h

Cadre marin et poisson frais
Haris €

Ici le temps s'est arrêté. Le regard survole la Grande Bleue qui vient lécher les rochers à vos pieds. Dans l'assiette, calamars grillés, poulpes tendres et pêche du jour, sans oublier les incontournables *mezedes* crétois, simples et frais. Comptez 12€, plus si vous commandez du poisson (45€ le kg).

MILATOS À l'extrémité ouest du front de mer (25km au nord-ouest d'Elounda) 2841 08 12 18 Tlj. 12h-0h

Bons plats à prix serrés
Taverne Rea €

Bonne cuisine familiale toute l'année pour 11€. Goûtez à l'agneau grillé, excellent, et au *stifado*, ragoût de bœuf aux aubergines.

AGIOS GEORGIOS Dans la rue principale 2844 03 12 09 20 mars-fin oct. : tlj. 10h-23h

SHOPPING

Délices de bouche
Creta Natura ♥

L'une des vitrines de la coopérative de petits producteurs Creta Natura, cette boutique est une véritable caverne d'Ali Baba. Huile d'olive extra-vierge, miel de thym artisanal, raki, vins, herbes et aromates, cosmétiques bio : une belle sélection de produits naturels crétois dont le maître des lieux, passionné, ne manquera pas de vous vanter les qualités. Laissez-vous guider !

AGIOS NIKOLAOS Akti Koundourou 4 2841 02 25 05 Mai, nov. : tlj. 10h-20h ; juin-oct. : tlj. 10h-23h

Souvenirs en bois d'olivier
Art on Olive Wood

Couverts, saladiers, assiettes, *kombo-loï*, sculptures... cette boutique-atelier en sous-sol regorge d'objets taillés dans le bois d'olivier par Michalis Apostolakis. L'artiste est là pour toute commande particulière.

AGIOS NIKOLAOS 28-Oktovriou 22 2841 02 51 68 Avr.-oct. : tlj. 10h-23h

Miel artisanal
Giannis Paterakis

Une bonne adresse où se ravitailler en *meli* de qualité à prix doux ; comptez 10€/kg.

AGIOS GEORGIOS À 2km d'Agios Georgios dir. Avrakontes, à la hauteur du panneau de sortie de Koudoumalia 2844 03 13 17

Chez Art on Olive Wood

IERAPETRA

Aux environs de Ierapetra, la côte sud assure un ensoleillement maximal. Une aubaine pour les professionnels du tourisme qui ont commencé un travail rampant de bétonnage, et pour les producteurs de primeurs qui ont couvert leurs champs de serres disgracieuses (13 000ha entre Ierapetra et Nea Myrtos !). Pourtant, Ierapetra force la sympathie et l'arrière-pays offre les paysages et les villages d'une Crète ancestrale.

À VOIR

IERAPETRA

À 300km des côtes de Libye, Ierapetra est la ville la plus méridionale et la plus ensoleillée d'Europe. C'est également l'une des plus prospères de Crète, grâce aux concombres, tomates, poivrons et autres productions maraîchères de la campagne environnante. Attachante, la cité parvient à séduire avec sa longue plage de sable (classée drapeau bleu par l'Union européenne pour sa propreté) et son vieux quartier aux rues tortueuses et nonchalantes. On vient aussi à Ierapetra pour s'évader vers l'île déserte de Chryssi, aux plages de coquillages immaculées, et pour profiter d'un arrière-pays plein de charme.

ACCÈS ET INFOS

- 35km au sud d'Agios Nikolaos
- KTEL Des cars relient tlj. Ierapetra à Agios Nikolaos, Sitia et Myrtos. Lasthenous 38 www.bus-service-crete.com www.ktelherlas.gr
- Chrysi Cruises Ses bateaux (jusqu'à 300 passagers) relient Ierapetra à Chryssi en 45min-1h. Aller 10h20 et retour 16h40, 10h40-16h10, 11h-16h30 ou 12h30-17h. Le billet (25€ AR) s'achète à l'embarcadère ou se réserve en ligne. 2842 02 00 08 www.cretandailycruises.com Mai-oct. : tlj. 8h30-21h
- Nautilos Cruises Ses vedettes (17 places) relient tlj. Ierapetra à l'îlot de Chryssi. 5 départs/j. à partir 10h20, retour à 17h30, 27,50€. Également de petites croisières autour de l'île (60€/pers., repas et boisson compris) sur réservation deux jours avant. 6972 89 42 79 www.nautiloscruises.gr Début mai-fin oct.

Petit mais réjouissant

Musée archéologique

Ce tout petit musée – une salle unique ! – propose une intéressante collection d'objets minoens et de la Grèce classique. On y voit notamment de remarquables *larnax* (cercueils ou urnes funéraires) peints de naïves mais vigoureuses scènes de chasse ou de la vie quotidienne. Trônant au bout du bâtiment, la magnifique statue en pied de Perséphone (2e s. ap. J.-C.) fut découverte par un paysan qui labourait son champ.

Dimokratias 1 (juste à côté de la pl. Kanoupaki) 2842 02 87 21 Mar.-dim. 8h30-15h 2€

Monuments ottomans

Mosquée et fontaine ottomanes

Aujourd'hui utilisée comme salle de musique, cette mosquée est modeste, mais touchante. Toute proche, une belle fontaine témoigne elle aussi de

À NE PAS MANQUER

- Île de Chryssi
- Myrtos
- Monastère Panagia Faneromeni

L'île de Chryssi, en mer de Libye

l'occupation ottomane. Un café s'est opportunément installé sur cette même place environnée de palmiers et de lauriers-roses.

Croisement des rues Makedonomachon et Vasamidi ⏲ Ne se visite pas

Panorama des remparts

Forteresse vénitienne "Kales"

Une vieille forteresse médiévale renforcée en 1626 par les Vénitiens. Elle céda aux assauts des soldats turcs en 1647. Ces derniers l'agrandirent mais un violent séisme l'endommagea au 18e s. si bien qu'il n'y a plus grand-chose à voir. Montez tout de même sur les remparts joliment crénelés pour un panorama sur les montagnes et l'étonnant paysage que composent les serres en plastique qui en gravissent les pentes.

⏲ Mar.-dim. 8h30-15h € Entrée libre

AU LARGE DE IERAPETRA

Paradis aux eaux cristallines

Île de Chryssi

Cette île de 10km^2 est un Éden inhabité au sable rose et aux eaux de cristal. Le centre est en partie boisé de genévriers, de cèdres et de pins centenaires aux troncs tordus par le vent et blanchis par le sable, et des ruines minoennes dorment dans sa partie ouest. Bondée l'été, la plage vedette, Golden Beach, s'étend au nord de l'île mais de belles criques tranquilles, desservies par des sentiers, vous attendent sur la côte est. Il y a une taverne près de l'embarcadère. Camping et chiens strictement interdits.

10km au sud de Ierapetra Départ quotidien du port de Ierapreta, en été, pour env. 25€

À L'OUEST DE IERAPETRA

Village de rêve

Myrtos

Attention au coup de foudre : on ne compte plus ceux qui viennent à Myrtos pour la nuit et y restent une semaine. À la fois détendue, vivante et calme, cette petite station balnéaire sur fond de montagnes séduit à coup sûr avec ses ruelles fleuries, ses ateliers d'artistes, ses maisons ceintes de vérandas en bois et sa jolie église. Piétonnier, bordé de sympathiques tavernes, le front de mer longe une plage de sable et galets de couleur sombre mais baignée d'eaux turquoise. Riche en commerces de tout genre, le village s'est doucement modernisé sans perdre son charme.

15km à l'ouest de Ierapetra

COULEUR LOCALE

Au format de poche, le musée d'Histoire et du Folklore de Myrtos rassemble des poteries et des outils agricoles provenant des deux sites minoens voisins, Pyrgos et Fournou Koryfi, ainsi qu'une intéressante maquette de Fournou Koryfi.

Derrière la petite église Agios Antonios 6934 11 61 99 Juin-sept. : lun. et ven. 10h-14h, mer. 17h-20h ou sur rdv Entrée libre

Site minoen mineur

Pyrgos

Les passionnés d'histoire trouveront là un site minoen (actif entre 2200 et 1450 av. J.-C.) où les fouilles ont exhumé des habitations simples et la grande villa d'un notable. Les sols, les fondations et les escaliers de pierre polychromes sont bien visibles. Plus bas, un chemin parcourt les allées, les maisons, les ateliers d'artisans et les entrepôts.

Au-dessus du village

Minoen de l'âge de bronze

Fournou Koryfi

Ce site datant de la première période minoenne (2800-2200 av. J.-C.) a été mis au jour dans les années 1970. Le village fut détruit par un incendie, les habitants ont fuit et ne sont pas revenus. On y découvre des soubassements de maison, des allées, des murs d'enceinte, des ateliers d'artisans, un sanctuaire dédié à la déesse Myrtos, etc. La statuette de la divinité est exposée au musée archéologique d'Agios Nikolaos.

À 1km au nord-est de Myrtos

Ruralité heureuse

Selakano

Le petit village de Selakano compte moins de 10 habitants l'hiver, mais plusieurs centaines en été pour s'occuper de ses vergers et potagers. Niché au pied de la belle forêt de Selakano, il mérite un détour pour son authenticité et pour une balade au frais entre chênes verts et pins centenaires. Garez votre voiture près du *kafeneion*, sur les hauteurs du village – et n'hésitez pas à y boire un verre ou à y grignoter les *mezedes* du jour. Puis descendez à pied en direction d'**Agios Efstathios**, la plus ancienne église des environs (16e s.), indiquée par un panneau et gardée par deux fiers cyprès.

22km au nord-ouest de Myrtos via Miti et Christos

Circuit montagnard et champêtre

Autres villages de l'arrière-pays

De Selakano, poursuivez la balade vers de petits villages méconnus : Christos (à 5km au sud-est) puis Males (3km plus à l'est). La route s'envole entre les pins accrochés à la falaise, offrant de beaux points de vue sur la mer de Libye. Au détour d'un virage surgit un océan de serres bâchées de plastique blanc. Vision qui se confirme à la sortie d'Anatoli (10km au sud-est de Males), d'où vous apercevrez également le **barrage de Bramania**. Cette retenue d'eau et ses abords constituent un refuge pour les oiseaux migrateurs. Avant de redescendre vers la côte, poussez jusqu'à **Kalamafka** (9km au nord-est d'Anatoli) et ne manquez pas son magnifique panorama sur les deux côtés de l'île. Pour une pause déjeuner, vous trouverez de bonnes tavernes à Anatoli et à Kalamafka. Sur la première partie de l'itinéraire, soit 2km entre Selakano et Christos, il faut suivre une étroite piste carrossable offrant une échappée vertigineuse sur la mer, qui grimpe à flanc de montagne. Comptez environ 55km pour la boucle entière à partir de Myrtos.

Escapade bucolique aux environs de Ierapetra

À L'EST DE IERAPETRA

Une boucle panoramique

Autour du mont Oros Thriptis

Un parcours d'une cinquantaine de kilomètres, entre bataillons d'oliviers et escarpements rocheux désolés. De Koutsounari, 8km à l'est de Ierapetra, la route panoramique monte vers **Agios Ioannis**, **Schinokapsala** et **Orino**. Maisons fleuries, vignes dégringolant des balcons, vergers verdoyants, ce dernier invite à la flânerie. Attablez-vous au *kafeneion* Stahori pour goûter à l'infusion de dictame, plante crétoise qui stimule le système immunitaire. Ici, il est ramassé en montagne et servi avec un onctueux miel local. Du cimetière situé en haut du village, une piste signalée "Afendis" grimpe jusqu'au sommet du mont **Oros Thriptis** (1 476m), qui offre de somptueux panoramas sur les côtes nord et sud de l'île (5h aller, pour randonneurs confirmés, topo-guide conseillé, pas de point d'eau en chemin). Reprenez la route en direction de **Stavrochori** et **Agios Stefanos**. Partiellement goudronnée, elle vous fera découvrir de splendides paysages sauvages. D'Agios Stefanos, vous rallierez Pefki, puis Analipsi, sur la côte.

Dans les gorges du Cha

AU NORD DE IERAPETRA

Pour ses églises

Episkopi

Le village séduit par ses ruelles sinueuses et ses deux églises byzantines. La Panagia, la plus curieuse et la plus ancienne, s'élève en contrebas de la place, près de la rivière (demandez la clé au pope).

7km au nord de Ierapetra

Village perché

Monastiraki

Pittoresque hameau perché, il bénéficie d'un merveilleux panorama sur le golfe de Merambello. Profitez-en à loisir au *kafeneion* de la place !

12km au nord-est de Ierapetra

Phénomène naturel

Gorges du Cha

Ce canyon, véritable tranchée, déchire le massif de Thriptis. Aire de jeu des alpinistes, cette curiosité géologique s'admire de l'extérieur. Toutefois, il est possible de s'approcher jusqu'à une petite chapelle blanche (500m après l'usine de papier, par une route caillouteuse), mais pour aller plus loin il faut être muni de matériel d'escalade. S'étirant sur plus de 1 800m pour 3m de large à son entrée, avec des parois pouvant atteindre 700m de hauteur, ces impressionnantes gorges sauvages accueillent vingt-six cascades, dont la plus belle mesure plus de 35m.

À Ierapreta, prendre la route de Gournia et suivre "Ha canyon". Env. 12km au nord d'Ierapetra

Éloquent exemple d'urbanisme minoen

Gournia ★

Peu de monde, ce qui ajoute au plaisir de la visite de cet émouvant petit site archéologique offrant un exemple unique d'urbanisme minoen. On arpente ses venelles pavées en imaginant la vie quotidienne de ses habitants il y a 3 500 ans. Jalonnées d'escaliers, les rues convergent vers le sommet de la colline, où trônait le palais du gouverneur, agencé autour d'une cour rectangulaire discrète (comparée à celle de Knossos). Au fil de la balade, on découvre un sanctuaire, un petit théâtre, un bassin lustral et des magasins à jarres. Les maisons, de taille modeste pour la plupart, étaient en pierre calcaire jusqu'à mi-hauteur, en brique crue pour le reste. Les nombreux outils qu'on y a retrouvés témoignent de la structuration de la cité par corps de métiers (ferronniers, potiers, menuisiers, etc.). Gournia aurait connu son apogée à la fin du minoen moyen, vers 1600 av. J.-C., avant d'être détruite par le séisme de 1450 av. J.-C.

16km au nord de Ierapetra, à l'ouest de Pachia Ammos 2842 09 30 28 Mar.-dim. 8h-15h 2€

BON À SAVOIR

Découvert en 1901 par un laboureur de Vasiliki qui avait exhumé de curieux objets, le site de Gournia a immédiatement séduit l'archéologue américaine Harriet Boyd. Depuis les fouilles se sont succédé à l'initiative de l'Institut américain d'archéologie. En début d'été, vous pouvez observer les chercheurs à l'ouvrage, raison supplémentaire d'effectuer une visite à Gournia.

Méditation byzantine

Monastère Panagia Faneromeni

Un lieu splendide, sans cars de touristes ni ticket d'entrée, un véritable nid d'aigle comme seuls les moines savent en dénicher ! Difficile de trouver, en effet, une plus belle vue sur le golfe de Merambello pour méditer la beauté du monde... Le monastère (fondé au 10e s.), aux allures de forteresse, n'est plus habité que par deux religieux, quelques poules et quelques moutons. La porte est souvent ouverte mais demandez l'autorisation, par courtoisie, avant d'entrer dans la cour. L'église, bâtie dans une grotte, bénéficie de la fraîcheur humide de la pierre et abrite des icônes du 18e s.

8km au sud-ouest de Gournia 2841 02 44 44 Tlj. 9h-20h Entrée libre

À FAIRE

Allez à la plage

À Ierapetra

Une longue plage de sable gris, Agios Andreas, s'étend à l'est de la ville et une autre à l'ouest du fort. D'autres plages frangent la côte à l'est (prendre le car pour Sitia), comme celles de Koutsounari (Long Beach), de Ferma ou d'Agia Fotia (à 14km de Ierapetra).

Golden Beach

Cette plage tapissée de minuscules coquillages blancs, et dont l'eau particulièrement limpide arbore de magnifiques teintes émeraude, est le joyau de l'île de Chryssi.

NOS ADRESSES

RESTAURANTS

Grignotage sympa

Gia Rakaki €

Dans un joli bâtiment néoclassique en pierre, un *rakadiko* ouvert en toute saison. Sa cour ombragée offre une douce fraîcheur aux longues nuits d'été. Pour 4,50€, on vous apportera un carafon de vin ou de raki et 5 petites assiettes de *mezedes*.

IERAPETRA Lakerda 13 6942 91 91 75
Tlj. 18h-2h

Simple et pittoresque

O Kales €

Près de la forteresse mais ignoré des touristes, cet ouzeri propose, pour un prix dérisoire, une bonne cuisine locale. Simple mais authentique avec, pour seule décor, des poulpes suspendus à leur fil. Env. 10€ le repas.

IERAPETRA Stratigou Samouil/Kougioumtzaki
2842 02 82 54 Tlj. 6h-1h

LA RECETTE

LE TSIGARIASTO

Pour 6 personnes
1,5kg à 2kg d'agneau ou de chèvre
4 à 5 oignons
Huile d'olive
Herbes aromatiques (thym, origan, romarin…)
Sel, poivre

Découpez l'agneau ou la chèvre en petits morceaux, épluchez et émincez les oignons. Faites revenir dans une poêle les oignons dans

de l'huile d'olive, puis ajoutez les morceaux de viande (autre option : cuire la viande en côtelettes entières). Ensuite assaisonnez avec de l'origan (et pourquoi pas d'autres herbes aromatiques), du sel, du poivre et c'est prêt quand la viande est bien cuite.

Jeune et festif

Odeon €

Un endroit charmant, surtout fréquenté par les jeunes Crétois. Le soir (et le soir seulement), on s'y restaure *à la grecque*, c'est-à-dire qu'on y boit un verre en picorant des *mezedes*. La jolie cour arborée commence à s'animer vers 22h30. Carte 12-15€.

IERAPETRA Lasthenous 18 2842 02 74 29 Tlj. 19h-1h

Vue sur mer

Levante €

On profite de la douceur du soir à la terrasse de cette vénérable taverne, face à la mer. Le poisson est frais, la moussaka maison et le service prévenant. Comptez 12-15€.

IERAPETRA Stratigou Samouil 38 2842 08 05 85 www.levante-taverna.gr Tlj. 10h-0h

Bio à bon prix

Karavostassi €

Sur le front de mer, ce restaurant est décoré de galets assemblés en curieuses pyramides. Carte crétoise alignant des recettes du terroir à base de produits bio, dont certains sont en vente dans le magasin. Carte 10-15€.

MYRTOS Sur le front de mer 2842 05 13 61 Mai-oct. : tlj. 12h-22h30

Grillades impeccables

Platanos ♥€€

L'assortiment d'entrées vous permettra de goûter à de délicieux *mezedes* : aubergines frites ou en purée, porc pané, feuilleté à la feta... Faites suivre de boulettes de viande en sauce ou d'une sélection de grillades : c'est un vrai régal ! Autour de 15€.

MYRTOS En haut d'une ruelle qui part de la plage Avr.-oct. : tlj. 18h-0h

Un chef en herbes

Katerina €€

Cette taverne sélectionne rigoureusement ses produits, en faisant la part belle aux herbes de l'arrière-pays. D'ailleurs, le dimanche, avant de servir du poulet à la sauge (10€) ou de l'agneau au thym (*kleftiko* 14,50€), le chef propose des balades en montagne en quête de ces aromates.

MYRTOS Près du musée 2842 05 14 51 Début avr.-fin oct. : tlj. 18h-0h

SORTIES

Music live

Doukiani

Doukiani est le mot, d'origine turque, que les Anciens employaient pour désigner un *kafeneion*. Celui-ci propose des *mezedes*, mais aussi une musique de qualité et des concerts ! C'est, dans son registre, l'un des endroits les plus attractifs de la ville.

IERAPETRA Ethnikis Antistasseos 19 6939 07 28 10 Tlj. 19h30-4h

Jazz non-stop

Parodos Kafe ♥

Dans une paisible ruelle piétonne cachée derrière le Musée archéologique, ce sympathique café distille du matin au soir une excellente sélection de jazz. Concerts de très bonne qualité. Cocktails à 6€.

IERAPETRA Juste derrière le Musée archéologique 6989 40 30 20 Tlj. 10h-15h et 18h-tard

SITIA

Calme, tourisme raisonné, plages de rêve, soleil omniprésent et sincérité de l'accueil : voilà les cadeaux qu'offre la région de Sitia. Et, en dehors du farniente, il y a de quoi faire : randonner, visiter des sites archéologiques, se perdre dans un arrière-pays exceptionnel aux villages intacts. Sitia la langoureuse mérite une halte mais vous trouverez mieux encore aux environs : Kato Zakros, Palekastro ou Mochlos.

ACCÈS ET INFOS

- 70km à l'est d'Agios Nikolaos
- Office de tourisme K. Karamanli (face à 4-Septemvriou) Juin-sept. : lun.-sam. 9h-15h (en principe)
- KTEL Liaisons avec Sitia, Vaï, Ano Zakros et Kato Zakros. Dans la rue qui monte à droite du minimarket 2843 02 22 72 www.bus-service-crete.com
- Gare routière de Sitia Liaisons avec Agios Nikolaos, Héraklion, Ierapetra, Palekastro et Vaï. Au sud du centre-ville (et de Kidonias, entre Kelaidi et Zimvrakakidon) 2843 02 22 72 www.bus-service-crete.com

À VOIR

SITIA

Soyons franc : hormis les maigres ruines d'un fortin, Sitia n'a rien conservé de son riche passé, florissant du néolithique à l'époque vénitienne. Culturellement, la petite cité reste donc modeste mais elle dispose néanmoins d'atouts convaincants : l'exceptionnelle beauté de ses paysages, une plage en croissant de lune, des maisons aux couleurs vives étagées en amphithéâtre sur la colline du Kastro, et des ambiances nonchalantes à revigorer le plus stressé des urbains.

Précieuse collection minoenne

Musée archéologique

Cinq salles, aux vitrines bien organisées, offrent des explications en français et des pièces fort rares d'origine minoenne. En vedette, ce *kouros* (statuette d'un jeune homme, 1500 av. J-C.) trouvé près de Palekastro. Le corps est en ivoire d'hippopotame, les cheveux en serpentine, les yeux en cristal de roche et les attaches de vêtement en or. Vous verrez également d'étonnants sarcophages, des tablettes en linéaire A, des jarres et une collection de bijoux. Quelques objets datant des périodes hellénistique et romaine complètent ce fonds varié.

Ethniki odos Sitias-Piskokefalou Piskokephalo 2843 02 39 17 Mar.-dim. 8h-15h 2€

Grenier nostalgique

Musée folklorique

Dans une grande maison bourgeoise, des objets hétéroclites s'amoncellent, illustrant le quotidien crétois d'autrefois : outils agricoles, meubles, vaisselle, ustensiles de cuisine, vêtements de travail, robes élégantes, broderies et autres tissages... Peu fréquenté, l'ensemble est à la fois modeste et réussi.

Kapetan Sifi (en haut de la rue) 2843 02 25 41 Mai-sept. : lun.-sam. 10h-14h 2€

À NE PAS MANQUER

- Mochlos
- Palekastro
- Zakros

Dans la forteresse vénitienne Kazarma

Restaurée en site culturel
Forteresse vénitienne

La Kazarma (déformation de *caserma*) est le seul témoignage de la présence italienne à Sitia, et encore se résume-t-elle à quelques remparts et à un vestige de donjon. Les Vénitiens la détruisirent en 1651 pour éviter qu'elle tombe aux mains des Turcs. Face à un beau panorama, elle accueille des concerts et des pièces de théâtre.

Au nord-est de la ville 2843 02 71 40 Mar.-dim. 8h-15h 2€

À L'OUEST DE SITIA

Village fleuri
Chamezi

Ruelles en escalier fleuries de lauriers-roses, entre vergers et potagers, ce paisible village a beaucoup de charme. Dominant Sitia, Chamezi offre de beaux panoramas sur la mer et l'opportunité, dans ses hauteurs, d'une pause ombragée sur une agréable terrasse, celle du **café To Kouti**. La bourgade abrite un **musée folklorique** : une maison du 19e s. avec son mobilier et ses objets décoratifs d'époque, un pressoir à olives, une forge ainsi qu'une courette de ferme avec son pressoir à vin et son four à bois.

11km à l'ouest de Sitia

Douceur de vivre
Mochlos

Étroite, vertigineuse, la route qui dégringole vers Mochlos donne le ton : on arrive dans un village du bout du monde, aux maisons blanches, ramassé autour d'une petite baie. Les quelques pêcheurs encore en activité tiennent tous les mêmes propos : le poisson se fait rare. D'où une reconversion vers un tourisme de randonneurs et d'amoureux de la nature. L'été, Mochlos est pris d'une "agitation tranquille" : les vacanciers étant des habitués, chacun semble se connaître et l'hospitalité n'est pas ici un vain mot.

35km à l'ouest de Sitia

Désertique

Île de Mochlos

Face au port, à 200m de la rive, se dresse un îlot que des archéologues viennent fouiller chaque année. Au minoen ancien, époque où un isthme le reliait à la terre ferme, il abritait deux petits ports dont on voit encore des vestiges. On y a découvert des sépultures contenant des bijoux en or, exposés au Musée archéologique d'Héraklion, et une collection de vases en stéatite et en cristal de roche, visibles aux musées de Sitia et d'Agios Nikolaos.

L'îlot est accessible en bateau (rens. aux tavernes du port ; env. 6€)

À L'EST DE SITIA

De prestigieuses icônes

Monastère de Toplou ★

Au premier coup d'œil, quelle austérité ! Mais ce monastère se révèle chargé de trésors une fois franchis ses épais remparts, toujours debout, qui protégeaient les moines des incessantes attaques des pirates. Souvent endommagé, inlassablement reconstruit, il a pris son aspect actuel à la fin du 17e s. Dans la grande cour dallée d'une mosaïque de galets se tient une sobre église à deux nefs et un somptueux **musée des Icônes.** Il est riche de quelques chefs-d'œuvre, comme l'étonnant *Saint Jean Baptiste ailé* du peintre Franciscus Kavertzas (16e-17e s.) ou *La Grandeur de Dieu, Megas ei Kyrie* (1770), œuvre monumentale illustrant 61 scènes tirées des Évangiles, grouillantes de plusieurs centaines de personnages. Son style est particulièrement représentatif de la Renaissance crétoise, synthèse de la tradition byzantine et de la Renaissance italienne. Dans une annexe, une intéressante collection de gravures, réalisées par les religieux du mont Athos, dans le nord de la Grèce. Une salle attenante expose des armes rappelant le rôle décisif des moines pendant les guerres d'indépendance crétoises et leur résistance à l'occupant nazi. En sortant, découvrez l'ancien moulin à vent et son mécanisme de broyage.

16km à l'est de Sitia, sur la route de Vaï 2843 06 10 86 Avr.-oct. : tlj. 9h-18h une semaine avant Pâques 3€

> **COULEUR LOCALE**
> Après avoir médité devant les icônes du musée de Toplou, passez dans la boutique pour faire connaissance avec les produits monastiques bio fabriqués sur place. Les **vins blancs et rouges**, l'**huile d'olive** extra-vierge sont de divines surprises.

Entre plages et oliviers

Palekastro

De Sitia à Palekastro, le littoral devient de plus en plus sauvage. Le petit bourg sans prétention de Palekastro rayonne autour d'une place centrale hospitalière bordée de tavernes et de *kafenia*. Le tourisme s'y est développé avec discrétion et le village, surtout fréquenté par des voyageurs indépendants, a conservé sa personnalité. Doté d'un bon hôtel, il constitue une excellente base pour explorer la pointe nord-est de la Crète, à la fois riche, belle et variée.

18km à l'est de Sitia

Petite cité minoenne

Roussolakos

Entre les oliveraies et la paisible plage de Chiona, au pied de la colline sacrée de Petsofas, les ruines minoennes occupent un site superbe, lié au culte de Zeus. Fouillée en 1902 par l'École d'archéologie britannique, la cité, dont une grande partie aurait été engloutie, est loin d'avoir livré tous ses secrets. Quelques pièces d'importance sont réparties entre les musées d'Héraklion et de Sitia. Les vestiges arasés demandent un peu d'imagination pour revivre.

2km à l'est de Palekastro, au bord de la plage de Chiona 2841 02 24 62 Mar.-dim. 8h-15h

Ville fantôme et sable fin

Itanos

Pour échapper à la foule bruyante de Vaï, Itanos, 2km au nord, reste une bonne solution. Les ruines d'un site, habité de l'époque minoenne jusqu'au 15e s., dominent deux jolies criques toujours paisibles : eau cristalline, sable fin et quelques palmiers.

9km au nord de Palekastro

Mochlos et sa baie aux eaux translucides

PARC NATUREL DE SITIA

Restée à l'écart du tourisme de masse, la région de Sitia a conservé quasiment intact son patrimoine naturel et culturel. Le Parc de Sitia s'étend de Mouliana à Cavo Sidero et de Krya à Xerokambos, incluant paysages côtiers et reliefs montagnards dont les grottes sont appréciées des spéléologues. Aidé de fonds européens, il a créé des infrastructures d'information, deux circuits géo-routes à faire en voiture et une vingtaine de sentiers de randonnées, les géo-parcours. Tout cela est détaillé sur le site www.sitia-geopark.gr qui renseigne aussi sur les riches faune et flore de la région.

Les montagnes du parc, terres de randonnée

AU SUD DE SITIA

Havre de paix

Zakros

Ano Zakros, ou "Zakros-le-Haut", est un village de montagne posé au milieu des oliveraies, entre vallons verts et crêtes arides. Dans ce bourg d'oléiculteurs, on trouve cafés, tavernes et hébergements. On peut surtout effectuer de belles randonnées dans les environs, comme la descente de la vallée des Morts, qui aboutit au hameau côtier de Kato Zakros. Niché au creux d'une superbe baie cernée de montagnes pelées, ce "Zakros-le-Bas" a bien des atouts : les vestiges d'un palais minoen, une jolie plage de sable, de bonnes tavernes, des pensions agréables et une atmosphère paisible. Il ne s'agit en fait que d'une ruelle bordée de tamaris et d'une poignée de maisons qui se vident l'hiver. Bref, c'est un petit coin charmant où il fait bon décompresser.

Env. 40km au sud-est de Sitia

COULEUR LOCALE

Une saignée ocre dans la montagne pelée de Zakros dessine un paysage somptueux. Les gorges de la **vallée des Morts** se font à pied, depuis Zarkos, en 2h. Le sentier débouche près du site minoen, et de la plage pour un plongeon rafraîchissant. Belle balade sportive sur parcours balisé.

Vestiges minoens

Palais de Zakros

Ces vestiges sont généralement déserts : on y flâne tranquillement sous le soleil. Bâti vers 1600 av. J.-C, Zakros, quatrième palais minoen par sa taille, était aussi un puissant centre administratif et commerçant. Il est le seul site minoen à n'avoir pas été pillé, ayant donc livré un inestimable matériel archéologique conservé aux musées de Sitia et d'Héraklion. Tous les palais minoens ayant une architecture identique, on trouve ici la même organisation qu'à Knossos ou Malia : une grande cour centrale structurant l'ensemble des bâtiments, palais (très arasé), sanctuaire, bassin lustral, salle d'apparat, entrepôts, cuisines flanquées d'une salle à manger. La proximité de la demeure seigneuriale et du quartier des fonctionnaires est une des particularités du site. Aussi les archéologues pensent-ils que Zakros n'a jamais été une résidence royale, seulement celle d'un haut dignitaire.

Juste derrière la taverne Akrogiali ◷ Mai-oct. : tlj. 10h30-17h30 ; nov.-avr. : tlj. 8h-15h € 6€

Petit bout du monde

Xerokambos

Le petit village éparpillé parmi les oliviers a perdu de sa tranquillité depuis que la route de l'Ouest a été goudronnée. Le charme des eaux turquoise persiste, avec une succession de plages et de criques. Certaines s'atteignent à pied et, comme toujours, les plus courageux en sont souvent récompensés.

9km au sud d'Ano Zakros

Plateau gourmand
Plateau de Chandras

Perchée à 600m d'altitude, cette étendue offre des paysages très différents des montagnes côtières. Ici, tout est vert, fécond, horizontal. Des bosquets de cyprès se mêlent aux vignes qui occupent la quasi-totalité des surfaces cultivables. L'endroit est le fief de production du raisin blanc de cépage sultanine que l'on peut voir sécher au bord des routes en septembre et qui donne les raisins secs sultana. Les principaux bourgs du plateau sont Chandras, Ziros et Armeni, aux environs duquel tournent encore des moulins aux ailes blanches. Vous trouverez à Chandras un petit musée du Folklore.

Environ 20km à l'ouest de Zakros et 18km de Xerokambos Musée folklorique de Chandras Chandras 2843 03 14 48 Juin-sept. : mer.-lun. 10h-14h et 17h-20h € Entrée à libre participation

À FAIRE

Allez à la plage
Plages de Chiona

Une grève de galets à l'est du môle, dominée par de petites falaises rouges ; un ruban de sable à l'ouest, et une eau peu profonde. Naturisme possible.

2km à l'est de Palekastro

Plage de Maridati

Un lieu paisible, tapissé de gros galets, entre Palekastro et Vaï. Restaurant servant du poisson grillé à 100m.

2,5km au nord de Palekastro

La plage de Vaï

Plage de Kouremenos

L'endroit est très venté, apprécié des véliplanchistes, qui trouveront un loueur de matériel près de la taverne. Le naturisme y est courant.

3km au nord de Palekastro

Plage de Vaï

Rendez-vous des hippies dans les années 1960-1970, cette magnifique plage de sable blond que prolonge une palmeraie s'est convertie au tourisme de masse. Des tavernes s'alignent sur le rivage tandis que des cabines de bain et des douches jouxtent le parking. À droite, à 5min de marche de la guérite, vous trouverez une jolie plage moins fréquentée... mais sans ombre.

8km au nord de Palekastro

À Xerokambos
La plage de Mazdas, la plus méridionale, face à l'îlot de Kavali, est la plus étendue. Celle du centre, Paralia Xerokambos, dispose, l'été, de quelques parasols et matelas. Katsunaki, enfin, la plus septentrionale, est plus isolée.

Faites une virée à moto ou une balade nature

Kastelas - Giannis Petrakis
Giannis Petrakis propose des excursions de trois jours à moto (390€) ou en 4x4 à la journée (75€). Évitez les mois de juillet et d'août, trop chauds.

Mochlos 6945 57 82 57 www.kastelas.com

Kastelas - Anne Lebrun
Cette botaniste belge, installée de longue date à Mochlos, organise de belles balades commentées à la découverte de la faune et de la flore crétoises. Itinéraires de 3 à 6h, 15€ la demi-journée et 25€ la journée (pique-nique inclus).

Mochlos 2843 09 47 25 ou 6976 31 35 06 www.kastelas.com Toute l'année

NOS ADRESSES

PAUSES

Un bar de potes

To Rakadiko €
Connu des locaux sous le nom de Stou Antoni ("chez Antoni"), c'est probablement le plus ancien des *rakadiko* de la ville. Un carafon de *tsikoudia* ou de raki et six *mezedes* vous coûteront 7,50€. Les petites assiettes sont garnies de spécialités crétoises de saison.

SITIA El. Venizelou 159 6976 08 61 18
Tlj. 10h-3h

Poète et gourmand

Aposperitis
Dans leur *rakadiko*, Giorgos et Maria vous guideront dans l'art de siroter du raki accompagné de *mezedes* et même peut-être de composer des *mantinades* : les murs sont couverts de ces petits poèmes crétois ! Comptez 10-12€.

SITIA El. Venizelou 167 6985 66 78 72
Tlj. 13h-2h

RESTAURANTS

Cuisine de caractère

To Balkoni ♥€€€
La cuisine est exquise et le décor à l'avenant. Voilà des fourneaux à forte personnalité, pilotés par la chef Tonya Karandinou qui témoigne d'une énergie et d'une créativité impressionnantes. La carte propose une variété de plats d'inspiration crétoise comme le fromage *saganaki* grillé sur une galette, lapin aux noix et romarin. Comptez 20-30€ à la carte. Menu "Découverte" pantagruélique à 32€.

SITIA Kondylaki/Kazantzaki 2843 02 50 84 www.balcony-restaurant.com Début avr.-fin oct. : lun.-sam. 12h-15h et 19h-23h

Bonne taverne familiale

Taverna Kochylia €

Une des agréables tavernes avec terrasse qui donnent sur le port. On y mange une excellente cuisine familiale : du poisson frais selon la marée, au poids, et plusieurs plats du jour. Comptez 10-15€.

MOCHLOS Sur le front de mer 2843 09 44 32 Tlj. 10h-0h Nov.-fév. : fermé le lun.

Carte variée

Dimitris €

Des spécialités crétoises revisitées (crevettes flambées au metaxa, 8,50€), de bonnes grillades comme le *mix grill* (9,50€), des salades et le poisson du jour préparés par Dimitris Samiotis, qui parle parfaitement le français. Wifi. Comptez 12-15€.

MOCHLOS 69 45 36 70 35 Avr.-oct. : tlj. 12h-dernier client

Pour l'agneau rôti

Taverne Itanos €

Face à l'Hellas, ce restaurant propose une carte similaire à celle de son concurrent. Spécialité : l'agneau rôti. En fait, on mange aussi bien dans les deux établissements, pour le même prix. Environ 12€.

PALEKASTRO Pl. centrale 2843 06 12 50 Tlj. 7h-dernier client

Fidèle à la tradition

Restaurant Hellas €

Au pied de l'hôtel du même nom, une grande terrasse ouverte sur la place. Délicieuses spécialités traditionnelles comme le cabri ou l'agneau au citron et d'excellents feuilletés au fromage nappés de miel en dessert. Autour de 12€.

PALEKASTRO Pl. centrale 2843 06 14 55 Avr.-oct. : tlj. 8h30-0h

En direct de la pêche

O Batis €

À deux pas de la plage de Chiona, une pause rafraîchissante sous les grands tamaris, après la visite du site archéologique de Roussolakos et quelques brasses dans l'eau claire. Poisson frais (au poids) et plats crétois. Prévoyez 13-15€.

CHIONA Sur la plage (2km à l'est de Palekastro) 2843 06 12 45 Avr.-oct. : tlj. 11h30-dernier client

Kakavia d'anthologie

Chiona ♥€€

L'une des plus anciennes tavernes à poisson de la région, dont la réputation n'a pas faibli. On y mange une mémorable *kakavia* (bouillabaisse). Quelques tables sous une voile blanche, posées à même les rochers dessinent un décor simple et idyllique. Carte 15-20€.

CHIONA (2km à l'est de Palekastro) 2843 06 12 28 Mai-oct. : tlj. 12h-23h

Petits plats fermiers

Nikos Platanakis €

Les fruits et légumes, la volaille et l'huile proviennent de la ferme familiale, mais on peut aussi commander du poisson. Fruits, dessert ou raki offerts. Comptez 10-12€. Wifi gratuit, parasols et chaises longues à disposition sur la plage. CB acceptées.

ZAKROS Kato Zakros 2843 02 68 87 Avr.-oct. : tlj. 8h-1h

Mijotages et cuisine à la braise

Taverne d'Adravasti €

Sur la route entre Palekastro et Zakros, cette taverne à l'ambiance familiale vous invite à faire une halte dans ce village peu à peu restauré : cuisine au feu de bois comme la chèvre ou l'agneau au four et

L'incontournable salade grecque

pommes de terre (9€), lapin aux oignons (10€). Produits à emporter (huile, olives, miel). Comptez 12-15€.

ADRAVASTI (3km au nord de Zakros) 6976 16 70 83 Avr.-oct. : tlj. 10h-dernier client

Valeur sûre

Taverne Kostas €

De bonnes viandes grillées et, selon la pêche du jour, gambas, espadon, sardines... Une adresse fiable, à partir de 12€.

XEROKAMBOS (9km au sud d'Ano Zakros) Mai-fin oct. : tlj. 9h-dernier client

À deux pas du sable

Akrogiali €

Pour déjeuner face à la mer, sous les tamaris, optez pour ce restaurant qui donne sur la plage de Xerokambos. Cuisine traditionnelle crétoise, plats mijotés mais aussi crêpes et glaces pour les gourmands. Comptez 12-15€.

XEROKAMBOS Plage (9km au sud d'Ano Zakros) 2843 02 67 77 Mi-avr.-fin oct. : tlj. 8h-0h

SHOPPING

Produits locaux et bio

Kriton Gi

Une épicerie bio où se procurer la fameuse huile d'olive de Sitia (6,60€ les 500ml), très réputée, mais aussi du vin, du miel et, bien sûr, des légumes et autres produits alimentaires.

SITIA Misonos 29/Kazantzaki 2843 02 59 12 Lun., mer. et sam. 8h30-14h30 ; mar. et jeu.-ven. 8h30-14h et 17h-21h

Fromages de pays

Kouvarakis

Fromages et yaourts au lait de brebis ou de chèvre, dont le *galotiri* et le *ksigalo* (fromage frais un peu piquant mais délicieux), une spécialité de Sitia.

SITIA Papanastasiou 22 2843 02 88 30 www.kouvarakis.gr Lun.-sam. 7h-22h, dim. 9h-21h (en été)

Rethymnon est la troisième ville de Crète. Ne vous laissez pas décourager par ses faubourgs disgracieux, ses lourdes infrastructures touristiques : le centre historique est l'un des plus beaux de Crète et l'arrière-pays, commandé par le fier mont Psiloritis, révèle des paysages époustouflants jalonnés de grottes, de gorges, de charmants villages et de monastères isolés. La côte sud aligne des plages enchanteresses.

Le district de Rethymnon

Au monastère d'Arkadi

Plan 3

LE PIRÉE
RETHYMNON
Platanias
Viran Episkopi
BAIE D'ALMIROS
Gierani
GROTTE
Adele
Loutra
E75
Dramia
CHANIA
Maroulas
77
Chromonastiri
Amnatos
Episkopi
LAC DE KOURNA
Kournas
Kastellos
MONT VRYSSINAS 858 M
Prassies
Armeni
Roustika
BARRAGE D'AMARI
Argyroupoli
GORGES D'AGIOS ANTONIOS
Apostoli
Myriokefala
Agios Vassilios
Karines
Patsos
Myrthios
Koxare
Meronas
MIXOROUMMA
GORGES DE KISSANOS
SPILI
Gerakari
GORGE DE KOTSYFOU
Ano Rodakino
Selia
Frati
77
Vrysses
GORGES DE KOURTALIOTIKO
SOUDA
Plakias
Assomatos
BAIE DE PLAKIAS
PARALIA KORAKA
CAP DE STAVROS
Lefkogia
MONT KEDRO 1 777 M
CAP DE KAKOMOURI
DAMNONI
Kerames
Vrisses
MONASTÈRE DE PREVELI
MONT SIDEROTAS 1 136 M
Agios Pavlos
Agios Ioannis
MER DE LIBYE

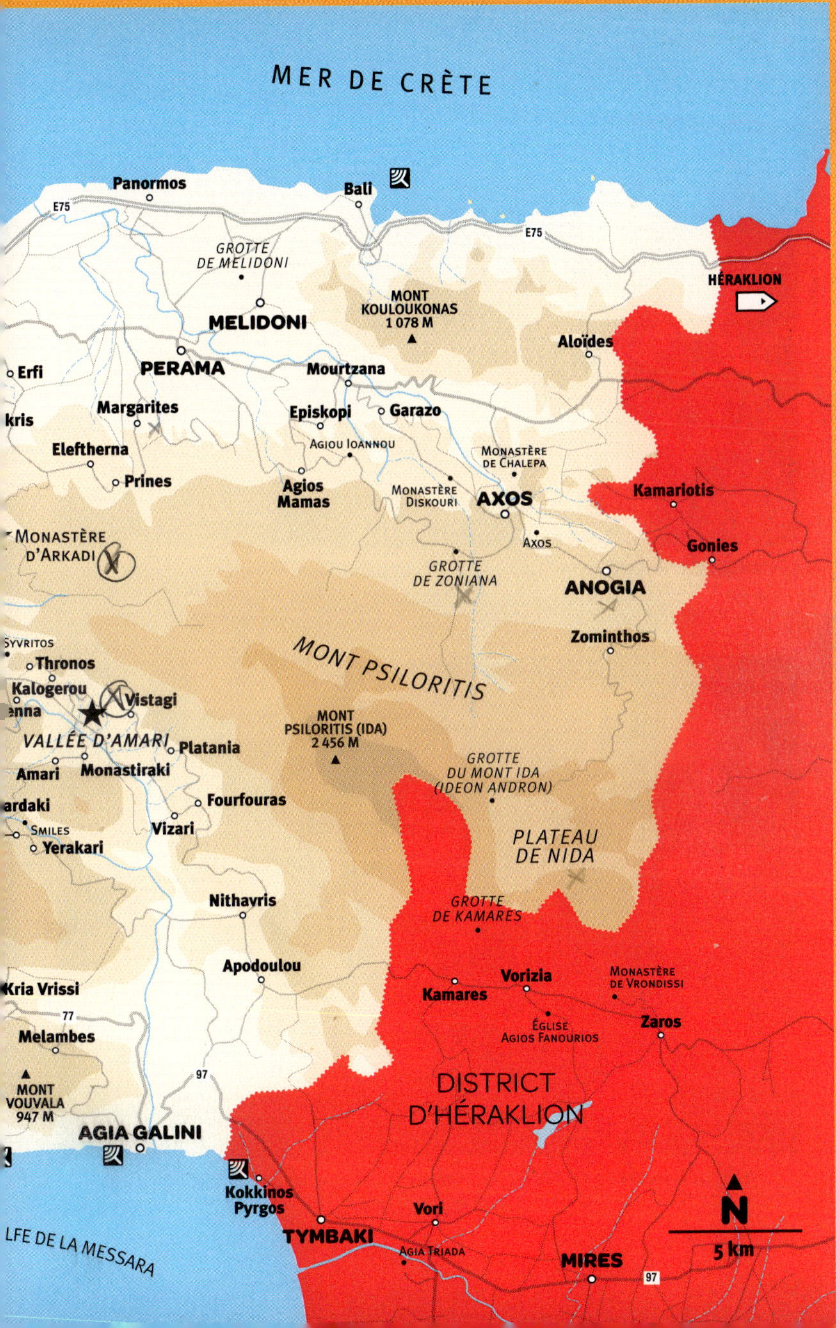
MER DE CRÈTE
Panormos
Bali
E75
GROTTE DE MELIDONI
MELIDONI
MONT KOULOUKONAS 1 078 M
HÉRAKLION
Aloïdes
Erfi
PERAMA
Mourtzana
kris
Margarites
Episkopi
Garazo
Eleftherna
AGIOU IOANNOU
MONASTÈRE DE CHALEPA
Prines
Agios Mamas
MONASTÈRE DISKOURI
AXOS
Kamariotis
MONASTÈRE D'ARKADI
Axos
Gonies
GROTTE DE ZONIANA
ANOGIA
SYVRITOS
Zominthos
Thronos
MONT PSILORITIS
Kalogerou
Vistagi
enna
MONT PSILORITIS (IDA) 2 456 M
VALLÉE D'AMARI
Platania
GROTTE DU MONT IDA (IDEON ANDRON)
Amari
Monastiraki
ardaki
Fourfouras
SMILES
Vizari
PLATEAU DE NIDA
Yerakari
Nithavris
GROTTE DE KAMARES
Apodoulou
Vorizia
MONASTÈRE DE VRONDISSI
Kria Vrissi
Kamares
77
ÉGLISE AGIOS FANOURIOS
Zaros
Melambes
97
MONT VOUVALA 947 M
DISTRICT D'HÉRAKLION
AGIA GALINI
Kokkinos Pyrgos
Vori
N
TYMBAKI
5 km
LFE DE LA MESSARA
AGIA TRIADA
MIRES
97

★ LES INCONTOURNABLES

★**VALLÉE D'AMARI** (p.140) pour ses villages paisibles et sa nature authentiques.

★**RETHYMNON** (p.130) pour son centre historique, un joyau d'architecture vivant et pittoresque.

★**MONASTÈRE D'ARKADI** (p.133) pour son site, ses lignes Renaissance et son histoire.

NOS CONSEILS

De la grande ville aux villages bucoliques, des astuces et des bons plans pour faciliter votre exploration du centre de l'île.

Découvrez l'urbain à vélo

Ne tentez pas de pénétrer Rethymnon (p.130) en voiture. La cité est un labyrinthe de ruelles anciennes interdites aux 4 roues. Stationnez dans l'un des parkings du parc municipal ou du fort vénitien et marchez dans la vieille ville, c'est un régal, ou louez un vélo sur le port.

Automotosport

Outre des voitures, loue des scooters et des vélos de sport ou urbains (à partir de 10€/j.).

2831 02 48 58 ou 2831 05 28 77
www.automotosport.gr

Baladez-vous au frais

Argyroupolis est un village rare : il compte de nombreuses sources et cascades qu'ombrage une végétation abondante. La fraîcheur y est providentielle. De la localité, un chemin escarpé mène aux chutes en 20min mais la promenade file au-delà, plein nord, le long de la rivière Mouselas.

Portez une tenue correcte...

Visite obligée, le monastère d'Arkadi (p.133) est un lieu pieux et un lieu de mémoire. Troquez vos shorts et autres décolletés estivaux contre une tenue décente.

... et filez à la buvette !

Pour éviter la foule en haute saison dans ce monastère qui est l'un des plus célèbres de Crète, allez-y dès l'ouverture ou juste avant la fermeture. Le site se vidant à chaque départ de car, prenez donc un verre à la buvette et effectuez votre visite entre deux vagues.

Munissez-vous d'une bonne carte

Pour vos incursions en montagne, dans la vallée d'Amari notamment, faites l'achat d'une bonne carte routière, celles distribuées dans les hôtels ou les offices de tourisme

Dans la vallée d'Amari

Fontaines vénitiennes à têtes de lion, Spili

n'étant ni très précises, ni forcément fiables pour des parcours buissonniers.

Cherchez la clé

Les vieilles églises byzantines de la vallée d'Amari (p.140) sont accessibles à tous, mais fermées. Pour récupérer la clé, commencez par chercher le pope, qui vous la donnera... si vous le trouvez. Autre piste : la clef peut être en dépôt dans l'un des bistrots du village. Prenez cette quête comme un jeu, ce sera l'occasion de multiplier les rencontres avec les habitants.

Pour Amari, faites le plein

La vallée d'Amari (p.140) est un vrai bonheur. Mais avant de vous y perdre, faites halte à Spili pour remplir d'essence le réservoir et de billets le porte-monnaie. Ensuite, stations-service et distributeurs sont inexistants. Il y a bien une pompe à Fourfouras mais les horaires en sont aléatoires.

Participez aux fêtes villageoises

En été, et en juillet surtout, à Arami et à Thronos (p.140), entre autres, tout est prétexte à fêtes religieuses ou profanes. Demandez le programme dans les offices de tourisme.

✖ Claustrophobes s'abstenir

La vallée d'Amari (p.140) ravira les amateurs de bouts du monde, ceux qui aiment la solitude, la simplicité la plus pure, ceux que n'effraie pas l'idée de se perdre au fil de routes buissonnières le plus souvent dépourvues de panneaux. Sinon, cette vallée ouverte sur de beaux horizons, mais fermée sur elle même, peut susciter un rejet claustrophobique.

RENDEZ-VOUS AVEC ...

Lili Vardaxis descend d'une longue lignée d'artistes travaillant la céramique : son arrière-grand-père Makarios Vardaxis est parti des côtes d'Asie Mineure en 1920 pour rejoindre Thessalonique avec pour tout bagage son savoir-faire, son talent et sa famille. Avec Lili, c'est la sixième génération à pratiquer cet art.

Mon dédale

La vieille ville de Rethymnon

J'adore m'y promener. Une délicieuse douceur de vivre s'en dégage. Le cœur de la vieille ville bat à un rythme lent et les maisons parlent de ceux qui y ont vécu, même les bâtisses abandonnées livrent des secrets. Dans les ruelles escarpées, on croise des portes vénitiennes, des balcons ottomans fleuris et le soleil qui diffuse ses rayons blancs et dorés.

Mon café

Chalikouti

Il fait bon siroter des heures un *tsikoudia dans ce* petit café "équitable" sur les contreforts de la forteresse. C'est un endroit jeune, branché, autogéré mais les âges y sont très variés. Il est tenu par une équipe investie dans la vie associative et participative de Rethymnon. On y sert des produits bio et respectueux de l'environnement.

Katehaki 3, Fortetza Sidewalk Rethymnon
2831 04 26 32

Ma plage secrète

Ligres

C'est une longue et magnifique plage de sable avec de beaux rochers sculptés par endroits. L'eau y est vite profonde et comme l'accès rebute certains, on y est plutôt tranquille. Juste au-dessus, la taverne de Michalis est un lieu de rencontres. Je pars parfois avec lui à la pêche en mer au lever du soleil. Et on déguste ensuite nos prises.

50km au sud de Rethymnon

ADRESSES

- **A** Vieille ville de Rethymnon
- **B** Chalikouti
- **C** Atelier Vardaxis
- **D** Gorges de Kourtaliotiko
- **E** Plage de Ligres
- **F** IUT de musique électroacoustique

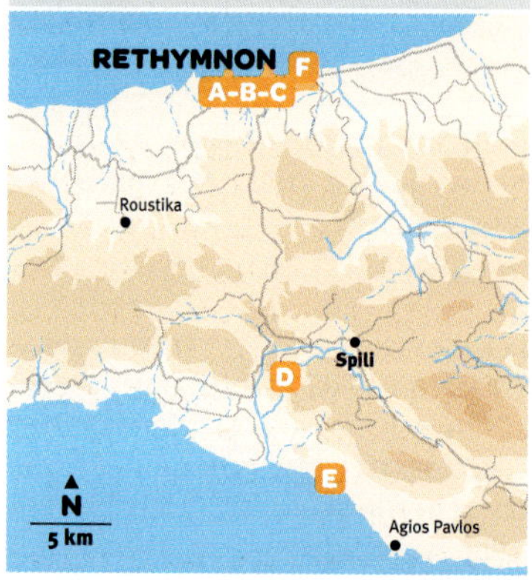

Ma passion

Atelier Vardaxis

J'entretiens une relation très spéciale avec la céramique. Je suis née dans un atelier. Mon arrière-grand-père

La plage de Ligres

était un artiste reconnu dont certaines œuvres sont exposées au musée d'Art populaire d'Athènes. Je ressens une énergie particulière quand je crée ces pièces qui me connectent au passé. Mais comme toutes les générations précédentes, j'ai trouvé un style, le mien et je me suis lancée. C'est le projet de toute une vie (p.139).

Panou Koronaiou 31 Rethymnon ⌚ Lun., mer. et sam. 10h-16h, mar. et jeu.-ven. 10h-22h

Ma randonnée d'été

Les gorges de Kourtaliotiko

En été, quand il fait trop chaud à Rethymnon, je pars marcher dans ces gorges (p.143). Je passe alors de 40 à 25 °C. La fraîcheur me revigore et la cascade du début de la randonnée permet même de se baigner. Plus loin, le cours d'eau rejoint la fameuse palmeraie de Preveli, puis la mer.

SI MA RÉGION ÉTAIT...

Une plante Ce serait le chèvrefeuille, pour son parfum léger mais tenace, la délicatesse de ses fleurs et ses effluves que l'on sent dans les ruelles de la vieille ville.

Ma fête électrique

Les soirées de l'IUT de musique électroacoustique

Les étudiants de l'IUT de Rethymnon organisent trois fois par an des concerts sur plusieurs jours. Ce lieu est réputé dans toute la Grèce et ses jeunes compositeurs et musiciens ont beaucoup de talent. Diffusé par un système sophistiqué, le son (excellent !) met le spectateur au centre de la musique. Je ne manque jamais ce rendez-vous.

E Daskalaki, Peribolia Rethymnon
📱 2831 02 19 02

RETHYMNON ★

Après avoir franchi la ceinture des faubourgs, vous abordez le centre historique de Rethymnon et là, c'est un vrai bonheur. Le riche passé de la ville s'incarne superbement dans la pierre, chacun des conquérants successifs ayant laissé son empreinte. Et, sans cesse comparée à Chania, Rethymnon est à la fois vivante et calme, plus douce et plus petite que sa rivale. C'est une étape à ne pas manquer.

ACCÈS ET INFOS

- 80km à l'ouest d'Héraklion et 65km à l'est de Chania
- Gare routière Leoforos Emmanouil Kefalogianni 2831 02 22 12 www.bus-service-crete-ktel.com
- Bureau du tourisme de la mairie Plans de la ville, horaires de cars et de bateaux Marina Sofokli Venizelou Bâtiment Delfini 2831 02 15 19 Lun.-ven. 8h-14h30
- Police touristique À côté du bureau du tourisme 2831 02 81 56 Lun.-ven. 8h-14h30

À VOIR

RETHYMNON

Coquette, la cité historique est une ville dans la ville, un autre monde. La séduction est immédiate : les ruelles fleuries, aux vénérables maisons turques et aux *palazzi* vénitiens, débouchent sur une plage bordée de palmiers ou sur un port fortifié et romantique. L'animation, estudiantine ou touristique, selon la saison, y est tempérée par la douceur de vivre crétoise. Amusez-vous à repérer les portes cintrées gravées de fleurs et de fruits, souvenirs vénitiens, et les beaux balcons ottomans en bois, bâtis en encorbellement.

Une déambulation vénitienne

Vieille ville

Les demeures anciennes sont particulièrement nombreuses dans les rues Ethnikis Antistaseos, Arkadiou, Thessalonikis, Vernardou, Souliou et Tsouderou. Rue Petychaki, **la fontaine Rimondi** (1629), joyau de l'architecture vénitienne, arbore fièrement trois lions de Saint-Marc encadrés de colonnes corinthiennes. Rue Arkadiou, **la loggia vénitienne** (début du 17e s.) mérite un coup d'œil. Cet édifice inspiré des temples romains, jadis utilisé comme lieu de réunion par les notables vénitiens, accueille aujourd'hui une boutique vendant des reproductions d'œuvres d'art. Autre édifice remarquable, rue Vernardou, **la mosquée Nerantzes**. Elle se distingue par l'élégance de son portail et ses dômes aux proportions parfaites. Il s'agit d'une église du 15e s. remaniée par les Turcs en 1657, assumant désormais les rôles de conservatoire de musique et de salle de spectacle.

Des collections variées

Musée archéologique

Installé depuis 2017 dans l'ancienne église Saint-François, ce petit musée expose le fruit des fouilles menées dans la région. Notamment une riche

À NE PAS MANQUER

- Musée d'Histoire et d'Art populaire
- Musée d'Art contemporain
- Argyroupoli
- Grotte de Zoniana
- Plateau de Nida

Dans le patio du musée d'Histoire et d'Art populaire

collection d'objets minoens bien présentés : des bijoux, des casques parés de défenses de sangliers, des sarcophages ornés en terre cuite, de la vaisselle funéraire, d'élégants vases en bronze. La période hellénistique est évoquée par quelques statues de marbre et l'ère romaine par des bronzes repêchés dans une épave au large d'Agia Galini.

Agiou Frangiskou (impasse dans la rue Antistasseos) Tlj. 10h-18h 2€

Douce nostalgie

Musée d'Histoire et d'Art populaire

Ce musée vous permet de pénétrer une belle demeure vénitienne du 17ᵉ s., assortie d'un frais patio. Le must se trouve à l'étage, où la restitution fidèle d'un salon bourgeois déborde de textiles en tout genre : dentelles, tentures, coussins, tapis et broderies. Ce charmant musée survole par ailleurs l'histoire de la ville de l'époque vénitienne à la Seconde Guerre mondiale (documents rares, photos, monnaies et armes) et présente différents corps de métiers en leur version nostalgique (reconstitutions d'ateliers de luthier, de sellier, de forgeron, d'une boutique de barbier, d'un *kafeneion*...).

Vernardou 28-30 2831 02 33 98 Avr.-oct. : lun.-sam. 9h30-14h30 ; nov.-mars Sur rendez-vous 4€

Au goût du jour

Musée d'Art contemporain

Les œuvres "fortes, chaleureuses, et humaines" de Lefteris Kanakakis, natif de Rethymnon, constituent le noyau de la collection permanente, consacrée à l'art grec depuis 1950. Ces dernières années, le musée s'est enrichi de pièces représentant dignement diverses écoles de la peinture moderne : abstraction

La forteresse vénitienne de Rethymnon

géométrique, néo-expressionnisme, minimalisme. On ira aussi pour les expositions temporaires de qualité.

Chimarras 5 📱2831 05 25 30 www.cca.gr 🕒 Mar. et jeu. 9h-14h, mer. et ven. 9h-14h et 18h-21h, sam.-dim. 10h-15h € 3€

Imposante vigie
Forteresse vénitienne

La citadelle vénitienne (16e s.), puis turque, se dresse sur son promontoire face à un fabuleux panorama. À l'intérieur, une esplanade écrasée de soleil accueille une église ruiniforme, une minuscule chapelle et une ancienne mosquée dont la coupole est l'une des plus grandes de Grèce et dans laquelle sont aujourd'hui présentées des expositions temporaires. On trouve aussi, dans cette enceinte, le **théâtre Erofili**, où ont lieu de nombreuses manifestations estivales. Terminez par une balade autour des remparts.

📱2831 02 81 01 🕒 Tlj. 8h30-coucher du soleil Dernière entrée 45min avant € 4€

AU SUD ET À L'OUEST DE RETHYMNON

Cimetière bucolique
Nécropole minoenne d'Armeni

Taillées dans la roche, 220 tombes éparpillées sous les arbres. Une se distingue pourtant, à laquelle on accède par un escalier descendant dans une vaste salle mortuaire collective. Découverte en 1965, cette nécropole remonte au minoen récent (1400-1200 av. J.-C.). Un tel cimetière laisse supposer la proximité d'une localité importante que l'on situe sous le village de Kastellos. Le lieu séduit par son ambiance particulière, finalement assez champêtre. Des sarcophages et des offrandes sont conservés au musée archéologique de Rethymnon.

10km au sud de Rethymnon, sur la route de Spili 🕒 Mar.-dim. 8h30-15h € 2€

Une miraculeuse fraîcheur

Argyroupoli 👍

Vous aimerez, tout comme les Crétois, les nombreuses chutes d'eau, sources et cascatelles diffusant leur fraîcheur en contrebas de ce village perché, construit sur le site d'une petite cité antique du nom de Lappa. Au magasin **Lappa Avocado**, on vous donnera un plan qui recense les trésors d'Argyroupoli – un musée folklorique, des églises byzantines, un pavement en mosaïque de l'époque romaine, une nécropole antique et un énorme platane que l'on dit millénaire. Après la visite du bourg, la tradition veut qu'on aille déjeuner à la taverne Palaios Mylos, au beau milieu des cascades.

27km au sud-ouest de Rethymnon et 20km d'Armeni via Agios Andrea

À L'EST DE RETHYMNON

Art et histoire

Monastère d'Arkadi ★

Dressé sur les pentes nord-ouest du mont Psiloritis, à l'aplomb d'une falaise, ce monastère aux allures martiales domine de belles gorges. Les paysages et leur panorama sont un premier choc esthétique. Après avoir flâné dans les jardins de ce grand complexe fortifié, admirez l'élégante façade de l'église de la Transfiguration (1587) qui en occupe le centre : c'est un pur joyau de la Renaissance crétoise. À l'intérieur, très belle iconostase en bois de cyprès. Dans l'ancien réfectoire des moines, se tient un petit musée qui expose d'émouvantes icônes, de somptueux vêtements liturgiques et retrace l'histoire du combat héroïque du peuple crétois pour la reconquête de son indépendance (1866). Une galerie d'art réunit, par ailleurs, tableaux et œuvres évoquant ces événements.

📱 2831 08 31 36 🕒 Été : tlj. 9h-20h ; hiver : tlj. 9h-17h € 3€

> **IL ÉTAIT UNE FOIS**
> Le 8 novembre 1866, après 3 jours de siège, l'armée turque force les portes du monastère d'Arkadi où sont réfugiés quelque 960 Crétois. Désarmés, ils choisissent de faire sauter la poudrière plutôt que de se rendre et c'est une hécatombe. Ce geste désespéré émeut l'opinion mondiale, sensibilisée, entre autres, par de lyriques écrits de Victor Hugo.

Beauté en sursis

Panormos

Ce village portuaire exquis semble hésiter encore : préserver son authenticité ou céder aux sirènes du tourisme de masse ? L'étape reste cependant agréable avec pour principal argument une petite plage de sable. Les grèves de galets dominant dans le coin, elle est très fréquentée.

20km à l'est de Rethymnon

Des concrétions évocatrices
Grotte de Melidoni

On la visitera sans hésiter pour ses dimensions impressionnantes et sa profusion de concrétions en tout genre. La grotte doit aussi sa célébrité au massacre de 400 Crétois qui y fut perpétré en 1824 par les Ottomans. Les restes des martyrs sont conservés dans un ossuaire situé dans la salle dite "des Héros". Des fouilles ont révélé que le site, autour de sa stalagmite en forme de phallus, avait servi de lieu de culte aux époques minoenne, dorienne et romaine.

10km au sud-est de Panormos via Perama ⏲ Mai-sept. : tlj. 8h-20h ; avr. : tlj. 9h-19h ; oct. : tlj. 8h-19h € 4€

Capitale de la poterie
Margarites

Chaque région de Crète a son centre de la poterie. Margarites est celui de la région de Rethymnon. Une tradition qui remonte à l'Antiquité et une solide réputation. Outre d'innombrables ateliers-boutiques, ce minuscule village-rue abrite quelques demeures vénitiennes, une église du 14e s. avec fresques et des bistrots ombragés d'eucalyptus.

28km au sud-est de Rethymnon et 13km au sud de Panormos

VERS LE PLATEAU DE NIDA

Une nature facétieuse
Grotte de Zoniana 👍

Plongez 270m sous terre pour une visite que facilitent passerelles et escaliers. Située dans de magnifiques paysages aux reliefs tourmentés, cette grotte imposante composée de 7 salles foisonne de concrétions. Ces fantaisies naturelles, certaines d'une grande délicatesse, sont valorisées par des effets lumineux colorés.

À gauche à la sortie de Zoniana, dir. Axos (48km au sud-est de Rethymnon) ⏲ Mi-avr.-oct. : tlj. 10h30-17h ; nov.-mi-avr. : w.-e. 10h30-14h30 € 5€

Le village aux cinq églises
Axos

Ce village perché ne compte pas moins de cinq églises. Agios Ioannis, sur les hauteurs d'Axos, conserve d'émouvantes fresques du début du 16e s., tandis qu'Agia Irini, au cœur de la localité, abrite une belle iconostase du 18e s. Quelques ruines antiques ont été mises au jour aux alentours.

48km au sud-est de Rethymnon

Brodeuses et musiciens
Anogia

Les tisseuses et brodeuses d'Anogia affichent leurs ouvrages sur les murs extérieurs de leurs demeures. Mais si le village est réputé pour sa tradition textile, c'est aussi à l'art – et à la musique en particulier – que cette bourgade doit sa célébrité. Une formidable lignée de musiciens y a vu le jour, dont, entre

LE MONT PSILORITIS

Connaissant la canicule en été, la neige en hiver et offrant une riche palette de paysages, le mont Psiloritis est une quintessence de la montagne méditerranéenne. Il culmine à 2 456m au sommet Timios Stavros sur lequel se dresse la petite chapelle de Sainte-Croix en forme d'abri de berger (pèlerinage annuel le 14 septembre). Anciennement nommé Ida, du nom d'une nymphe, fille du roi crétois Mélissée, qui fut la nourrice de Zeus, le mont est l'un des hauts lieux de la mythologie grecque (p. 136). La légende veut qu'Ida s'étant égratignée sur une épine, les fruits du framboisier (*Rubus Idaeus*, ronce du mont Ida) ont pris la teinte de son sang, étant préalablement d'un blanc immaculé. La voiture permet d'approcher le mont, au plateau de Nida. Les plus aventureux en atteindront le sommet (vue sur toute la Crète, à 360°) en une balade sportive (env. 5h) empruntant partiellement le sentier E4 à partir du parking du refuge de Mygerou, proche de Livadia.

Le massif se prête à la randonnée

SENSATIONS FORTES
La région bornée par Anogia, Zoniana et Livadia a été baptisée par la presse grecque **"le triangle du diable"** : champs de cannabis au fond des ravins, usage immodéré des armes, rodéos de 4x4 sans immatriculation, souvent conduits par des gamins. La police veille, en vain, un peu "désarmée" devant l'ampleur du phénomène. Mais le touriste reste roi.

Tissages d'Anogia

autres, Psarantonis, Vassilis Skoulas et Nikos Xylouris (*"l'archange de la Crète"*) dont on visite la modeste maison natale. Poussez ensuite jusqu'à l'église Agios Ioannis, voisine de la mairie, pour ses fresques du début du 14e s., dont une saisissante *Mise au tombeau*. Sur la place, à l'ombre des mûriers, quelques bars font la ronde. Le Tsidanis, qui propose café, jus de fruits frais, *tsikoudia* et *mezedes*, se double d'une petite échoppe de produits locaux.

50km au sud-est de Rethymnon

Fragment de lune
Plateau de Nida

Après Anogia, se découvre un autre monde : la route s'élève en lacets dans un environnement lunaire mêlant rochers et buissons d'épineux. Puis on débouche sur le splendide plateau de Nida (1 370m), entouré de lourdes montagnes grises. Enneigé l'hiver, il se résume en été à une vaste étendue que couvre péniblement une rare végétation brûlée par le soleil. À peine y voit-on quelques huttes de pierre rondes, les *mitata* (abris de bergers séculaires). Ce haut plateau, vraiment poignant, est le point de départ de randonnées vers la grotte Ideon Andron et vers le mont Psiloritis. Une taverne propose halte gourmande et hébergements spartiates.

Maternité divine
Grotte du mont Ida

Voilà *Ideon Andron*, la caverne du mont Ida – Psiloritis de son nom actuel –, où Rhéa a accouché de Zeus pour le protéger de son père infanticide. Les archéologues ont exhumé de nombreux objets (céramiques, statuettes, ex-voto...) des 9e et 8e s. av. J.-C., conservés à Héraklion et à Athènes. Le rocher taillé en forme d'autel à gauche de l'entrée de la grotte accueillait des sacrifices en l'honneur du dieu suprême. Le site a peu d'intérêt, mais le cadre est unique.

Sur le versant ouest du Psiloritis, à 1 500m d'altitude (15min de marche à partir de la taverne du plateau de Nida) ⏲ Tlj. sauf en cas de neige

À FAIRE

Marchez sous les arbres

Du monastère d'Arkadi à Pikris

Du parking du monastère, prenez la direction d'Eleftherna puis le sentier partant de la route goudronnée, sur la gauche. Après une courte montée au milieu des arbres et de la garrigue, il amorce une descente bucolique vers la mer. Vous devrez franchir une barrière après quelques centaines de mètres (pensez à la refermer). À la bifurcation, un peu plus loin, prenez à gauche vers la vallée (petite église au bout du chemin). L'itinéraire serpente alors à l'ombre des cyprès, des chênes et des oliviers. Des sources vous désaltéreront. Continuez votre descente vers la rivière que vous traverserez à gué avant d'arriver à Pikris. De là, trois options : emprunter la piste de gauche et prendre à Amnatos le car en provenance du monastère d'Arkadi en direction de Rethymnon, soit suivre la route en lacet sur la droite pour attendre le car dans un *kafeneion* de Viran Episkopi (4km), soit tenter le stop.

Départ : monastère d'Arkadi. **Durée** : 2h d'une balade facile, essentiellement en descente

NOS ADRESSES

RESTAURANTS

Adresse confidentielle

Tou Manoussou €

Cette petite adresse très prisée des Rethymniotes n'a ni nom, ni enseigne, ni téléphone. De généreux *mezedes* se succèdent jusqu'au bout de la nuit, les générations aussi et, au petit matin, on compte les carafons de *tsikoudia* abandonnés sur les tables. Carte de 5 à 10€.

RETHYMNON À l'angle de Petichaki et Vernardou ⌚ Avr.-oct. : tlj. 16h-dernier client ; nov.-mars : tlj. 11h-dernier client

Authentique et hospitalier

Ta 2 Rou €

Le patron et sa femme, Rourou (d'où Ta 2 rou !) forment un duo accueillant et expert en cuisine crétoise : escargots, purée de fèves, aubergines en chausson, herbes sauvages en salade, lapin aux oignons. On déguste dans des ambiances nostalgiques, environné de photos d'un autre temps. Il est prudent de réserver. Env. 15€ le repas.

RETHYMNON Panou Koronaiou 28 📱6936 50 08 92 ⌚ Lun.-sam. 12h30-dernier client, dim. 12h30-20h

Le choix des locaux

Vassilis ♥€€

Tout Rethymnon, du député au pêcheur, se bouscule chez Vassilis. Ses copieuses assiettes crétoises et ses poissons, son omelette aux herbes sauvages et sa salade de fromage grillé à la confiture de tomates font l'unanimité. Vassilis parle un bon français. Réservez pour profiter de la terrasse. Autour de 15-20€.

RETHYMNON Chimarras 27/Argiropoulon 📱2831 05 48 88 ⌚ Tlj. 11h-dernier client

Se régaler sous les citronniers

Taverna Sokaki Lemon Garden €€

Une vingtaine de tables avec bougeoirs, dans une cour intérieure qu'ombragent de grands citronniers. Musique grecque en sourdine. La carte propose une cuisine traditionnelle d'excellente qualité. Essayez par exemple le *fricassé*, un ragoût d'agneau au citron et salade cuite (12€), un plat typique des bonnes maisons grecques. Comptez 20€.

RETHYMNON F. Portou 6 ☎ 2831 02 39 67 🕓 Avr.-mi-oct. : tlj. 11h-16h et 18h-dernier client

L'excellence, à tous niveaux

Prima Plora €€€

Vue sur la forteresse, élégante terrasse au bord de l'eau. Dans un décor de rêve, Prima Plora propose une cuisine délicate et inventive en faisant le pari du bio. On vient de loin pour savourer le risotto ouzo-gambas, de fines salades aux œufs d'oursin ou tout simplement des rougets grillés. Carte 20-25€.

RETHYMNON Akrotiriou 4 ☎ 2831 05 69 90 🕓 Tlj. 13h-1h

Haut de gamme

Avli Creative Cuisine €€€

LA table gastronomique de la ville : cadre cosy avec patio, service stylé et cuisine raffinée. On déguste des plats typiquement crétois ou des recettes inédites : filet de porc au fromage de chèvre et asperges sauce raisin, filet de poulet sauce à l'orange. Environ 30€. À proximité, l'enseigne se décline en un bar à vin, Avli Fusion Enoteca.

RETHYMNON Radamanthios 17/ Xanthoudidou 22 ☎ 2831 02 62 13 🕓 Avr.-oct. : tlj. 19h-1h

Exquis et romantique

Veneto Restaurant €€€

Dans un bâtiment vénitien du 16e s. : une petite salle au plafond lambrissé, un patio fleuri agrémenté d'une fontaine. Dans l'assiette, une cuisine savoureuse et recherchée : chevreau aux artichauts et à l'aneth ou *chounkiar* (veau à la sauce tomate et à la purée d'aubergines). Une atmosphère intime propice aux dîners en amoureux. Comptez env. 30€.

RETHYMNON Epimenidou 4 ☎ 2831 05 66 34 www.veneto.gr 🕓 Mai-oct. : tlj. 18h-0h

SHOPPING

Savoureux souvenirs

Avli Raw Materials

Huiles d'olive, confitures, miel, herbes et autres produits locaux à dénicher dans l'épicerie fine à l'ancienne de l'enseigne Avli (qui est aussi un restaurant gastronomique et une auberge).

RETHYMNON Arabatzoglou 38-40 ☎ 2831 05 82 28 www.avli.gr 🕓 Mai-oct. : tlj. 11h-22h

Artisan artiste

Nikos Siragas

Travaillé en vases, coupes, canes, plats, bagues... les bois de citronnier, de figuier, d'olivier, de cerisier et de caroubier révèlent leur finesse sous les doigts experts de Nikos Siragas, qui, à l'occasion de stages estivaux, partage bien volontiers son savoir.

RETHYMNON Varda Kallergi 38 ☎ 2831 02 30 10 🕓 Lun.-sam. 10h30-14h30 et 17h-22h

Céramiques artisanales crétoises

Joyeuses poteries

Atelier Vardaxis ♥

Giorgos et Natacha Vardaxis perpétuent la tradition de la céramique originaire d'Asie Mineure – assiettes, carreaux et pots – dans une éblouissante palette de couleurs (p.128). À partir de 20€.

RETHYMNON Panou Koronaiou 31 69 71 82 05 44 Lun., mer. et sam. 10h-16h, mar. et jeu.-ven. 10h-22h

Bienveillante caroube

Creta Carob'

Répandu en Crète, le caroubier est un arbre aux petites branches noueuses et aux fruits en forme de haricot. La pulpe de ces gousses, d'un goût chocolaté, peut se consommer telle quelle ou moulue. Bourrée d'antioxydants, riche en phosphore et en calcium, la caroube est aussi un excellent régulateur intestinal.

ARGYROUPOLI À l'entrée du village (27km au sud-ouest de Rethymnon) 2831 08 11 50 Lun.-ven. 10h-17h

Cosmétique avocat

Lappa Avocado

Tous les bienfaits de l'avocat dans une gamme de produits cosmétiques bio : savons, crèmes pour le corps (7-8€), le visage et les mains. On peut aussi le déguster en jus, pressé sur place, dans le petit café qui fait face au magasin.

ARGYROUPOLI (27km au sud-ouest de Rethymnon) 2831 08 10 70 www.lappa-avocado.gr Mi-mars-début nov. L'hiver, appeler sur le portable (6939 19 47 67)

SORTIES

Partition variée

21-23

La terrasse de ce sympathique café s'anime en soirée. Musique rock ou jazzy, DJ certains soirs.

RETHYMNON Vernardou 21-23 2831 05 07 97 Tlj. 11h-3h

Jardin d'Éden

O Kipos tou Ali Vafi

Un café, un bar, une galerie et un restaurant. On navigue de la cave voûtée, toute rose, au jardin planté de grands arbres. Un lieu paradisiaque et relaxant conjuguant nature et culture.

RETHYMNON Tzani Bouniali 65 2831 02 32 38 Avr.-oct. : tlj. 12h-tard

The place to be

Livingroom Lounge Café

Dans un ancien hammam du bord de mer, un bel espace tout en pierre et bois. L'endroit est vite pris d'assaut : normal, tout est parfait, du cocktail à l'assiette ! DJ, musique live...

RETHYMNON El. Venizelou 5 2831 02 13 86 Tlj. 9h-2h

SPILI ET LA VALLÉE D'AMARI

Située au sud-est de Rethymnon, entre les monts Psiloritis et Kedros, la vallée d'Amari occupe le centre de la Crète. Dans une nature riche et fertile, une quarantaine de villages vivent au calme, dignes dépositaires d'une Crète à l'ancienne. Spili est la petite capitale de cette aimable région. Seul bémol, un réseau de transports publics quasi inexistant.

ACCÈS ET INFOS

- KTEL Spili se trouve sur la ligne Rethymnon-Agia Galini. Arrêt sur la grand-route, entre le virage et l'entrée sud-est de la localité. 2831 02 22 12 www.e-ktel.com

À VOIR

SPILI ET LA VALLÉE D'AMARI ★

Onduleuse et verdoyante, la vallée d'Amari aligne oliveraies et vergers dont les floraisons sont un délice au printemps. Elle invite à une agréable échappée qui, en un ou deux jours, vous dévoilera des villages typiques souvent ignorés, ainsi que de séculaires sanctuaires byzantins. Légèrement excentré par rapport à la vallée, Spili est le royaume des randonneurs qui s'attaquent aux pentes du mont Psiloritis ou aux gorges de Kourtaliotiko.

Pour un séjour agréable

Spili

Traversé par la route passante qui relie Rethymnon à la côte sud, Spili retrouve son caractère et son calme le soir. Le matin, l'écho des chants orthodoxes parvenant du monastère se mêle aux sonnailles des chèvres partant aux pâturages. On trouve à Spili d'avenants commerces, des maisons traditionnelles, des jardins fleuris et de nombreuses fontaines dont l'une, vénitienne, aligne 19 bouches d'eau sculptées en têtes de lion. Un modeste musée d'art populaire (gratuit), installé chez des particuliers, renseigne en quelques pièces sur la vie crétoise d'antan.

26km au sud de Rethymnon Musée d'art populaire En haut du village, à gauche de la grande rue Avr.-oct. : tlj. 10h-18h

Étape pittoresque

Thronos

On peut passer la nuit dans ce village pittoresque réputé pour ses multiples fêtes (des saints, des moissons…). La patronne de l'accueillante taverne Aravanes vous confiera la clé de la ravissante petite église de la Panagia (Notre-Dame), dallée de mosaïques et tapissée de fresques bien conservées, réalisées au début du 14e s. Au-dessus du village s'étendent les ruines de l'acropole de l'ancien Sivritos. Peu de vestiges mais une belle vue sur la bourgade et les montagnes, plus appréciable encore au soleil couchant.

30km au sud-est de Rethymnon et 17km à l'est de Spili

À NE PAS MANQUER

- Spili
- Gorges d'Agios Antonios
- Gorges de Kourtaliotiko

Le monastère orthodoxe de Spili

Les bijoux de saint Georges

Platania

L'église de la Panagia, au cœur du village, renferme des fresques du début du 14e s. On reconnaît saint Georges sur son cheval, traditionnellement représenté avec une boucle d'oreille et un diadème.

25km à l'est de Spili

Vierges endormies

Monastiraki

Sur les hauteurs de cette jolie bourgade fleurie, l'église Agios Georgios est ornée de peintures murales assez abîmées, hormis la magnifique Madone qui couvre l'abside. En face figure une *Dormition de la Vierge*, avec Jésus tenant dans ses bras un enfant symbolisant l'âme de sa mère mourante. Plus bas, l'élégante église Mikhaïl Archangelos renferme des fresques sombres, mais bien conservées, dont également une dramatique *Dormition de la Vierge*.

22km à l'est de Spili

Un village fantôme

Smiles

Un hameau à l'abandon, réduit à quelques ruines dues à la Seconde Guerre mondiale. La petite église de la Panagia, envahie par les herbes, ouvre, béante, sur d'émouvantes fresques. Sur le haut de la nef, à gauche, on reconnaît la Cène, avec le Christ entouré des apôtres ; seul le traître Judas n'arbore pas d'auréole... Probablement l'église la plus attachante de la vallée.

17km à l'est de Spili (avant l'entrée nord de Vrysses Amariou, bifurquer à gauche sur la route qui descend et, après 700m, sur le sentier de droite. L'église est à 800m)

Du souvenir aux fresques

Kardaki

En 1944, en représailles d'une action de guérilla, les Allemands massacrèrent 19 hommes dans cette bourgade qui se consacre aujourd'hui à la production de fruits. Un discret monument leur rend hommage dans une ruelle menant au cimetière. Parmi les tombes, la chapelle Mikhaïl Archangelos recèle des peintures (13e s.) dues à un artiste local.

14km à l'est de Spili

Hommage à la Vierge

Meronas

À l'entrée nord du village, vous trouverez une taverne sous les arbres pour une halte sympathique. L'église de la Panagia (14e s.) s'élève dans la rue principale. Demandez la clé à la maison blanche à balcon qui lui fait face et admirez les fresques, bien conservées, qui racontent le cycle complet de *La vie de la Vierge* et montrent une splendide *Entrée du Christ dans Jérusalem*.

16km à l'est de Spili

À FAIRE

Randonnez dans les gorges

Gorges d'Agios Antonios

De Spili, suivez la belle route qui mène à **Patsos** (7km au nord-est), bourg rustique rafraîchi par de nombreuses sources et comptant quelques *kafeneia* ombragés de vieux platanes. La bifurcation de gauche, un peu avant l'entrée de ce village de montagne, vous conduira à la taverne Drimos, près des gorges d'Agios Antonios. La balade part du parking et de l'aire de pique-nique aménagés à côté de l'église troglodytique Agios Antonios, qui domine un ravin escarpé. Les sentiers qui suivent les rives de la Tsarita se rejoignent à hauteur du pont de bois enjambant le défilé. Celui qui longe la rive gauche emprunte par endroits le lit de la rivière (risques de baignade forcée à certaines périodes de l'année !).

Difficulté : passages glissants, à effectuer de préférence l'été lorsque la rivière est à sec **Durée :** boucle de 2h

Les gorges d'Agios Antonios

IL ÉTAIT UNE FOIS
Dans les superbes **gorges d'Agios Antonios**, les sources miraculeuses guérissent maladies et infirmités, d'où la présence de nombreux ex-voto, notamment dans la chapelle rupestre. Lieu de culte au minoen ancien, ce sanctuaire naturel fut ensuite dédié à Hermès, puis, sous l'occupation romaine, à Pan, dieu pastoral et berger. Il honore aujourd'hui saint Antoine (pèlerinage le 17 janvier).

Gorges de Kourtaliotiko

Voici une belle balade à faire en voiture, puis à pied. De Spili, suivez la route de Rethymnon jusqu'à Koxare et bifurquez à gauche en direction d'Assomatos et de Preveli. Au lieu-dit Profarango, la route s'engage dans les grandioses gorges de Kourtaliotiko, creusées par le Megapotamos ("grande rivière"). À l'entrée nord des gorges, on peut entendre comme des claquements (*kourtala*, en grec), un effet sonore qui a donné son nom au défilé, émis par le vent parfois violent s'engouffrant dans l'étroit corridor. En bord de route, à hauteur du panneau "Kourtaliotiko Ravine" (parking un peu plus loin), une arche de pierre signale l'escalier de quelque 200 marches qui rejoint la chapelle de pèlerinage Agios Nikolaos Kourtaliotis et, au fond du ravin, les cinq sources qui alimentent le Megapotamos. De là, on peut cheminer le long du cours d'eau jusqu'à un vieux pont de pierre. À l'est de ce dernier, près d'une petite taverne, s'ouvre le sentier long de 5km qui mène à la plage de Preveli (p.146) en suivant la rivière.

NOS ADRESSES

PAUSES

Un café chez le couturier
Kafeneio tou Rapti
Dans la grand-rue de Spili, deux *kafeneia* se touchent, celui du cafetier (*Kafeneion tou Kafetzi*) et celui du tailleur (*Kafeneio tou Rapti*). Ce dernier travaille sur sa machine à coudre et se lève pour servir les clients. Installez-vous en terrasse et observez les autochtones commenter le va-et-vient de la rue !
SPILI Grande rue Tlj. 8h-dernier client

RESTAURANTS

Bon rapport qualité-prix
Mylos
L'adresse idéale pour un club-sandwich, une glace, une salade ou d'excellentes feuilles de vigne farcies.
SPILI Face à la fontaine aux dix-neuf têtes 6977 60 05 89 Mars-nov. : tlj. 8h-dernier client

Au bord de l'eau
Drimos
À l'entrée des gorges d'Antonios, dix tavernes en une au bord de la rivière. Goûtez à l'antichristo, viande de chèvre ou de mouton cuite à la braise, et aux beignets de pleurotes.
2833 06 13 00 Tlj. 12h-dernier client

LA CÔTE SUD

La côte sud égrène une kyrielle de criques solitaires et de longues plages de sable gris, baignées d'eaux turquoise. Deux stations balnéaires encadrent ce littoral préservé : Plakias et Agia Galini. Les paysages montagneux plongent spectaculairement dans la mer de Libye pour offrir de sublimes panoramas. Seul bémol, le vent s'invite trop souvent.

ACCÈS ET INFOS

- Agia Galini est situé 52km au sud-est de Rethymnon
- KTEL De nombreux cars relient Agia Galini à Rethymnon, Héraklion, Matala et Phaistos. Arrêt au cœur du village. 2831 02 22 12 http://bus-service-crete.com

À VOIR

AGIA GALINI

Charmante et touristique

Agia Galini

Fini le mythe d'une station paisible dont les ambiances se résumeraient à celles d'un "village de pêcheurs", comme ce fut le cas par le passé. Agia Galini a cédé aux sirènes du tourisme. Il n'empêche que le site, en forme d'anse, a encore un charme fou, que les filets sèchent toujours sur les quais et que le béton n'a pas tout à fait gagné la partie. Au mois d'août, le village est envahi de voyageurs grecs, une clientèle familiale. Sinon, Agia Galini est une base idéale pour s'évader vers les délicieuses plages des environs.

53km au sud de Rethymnon

PLAKIAS ET SES ENVIRONS

Station à taille humaine

Plakias

Cette petite station balnéaire se compose d'une rue bordant une longue plage en croissant de lune, d'un port minuscule et de quelques chemins qui se perdent dans les oliveraies. Rien de transcendant : l'ensemble est un peu décousu, jalonné de tavernes, d'hôtels, de "supermarkets" mais la baie et son rivage sont magnifiques. Et l'ambiance, à la fois vivante et bon enfant, se révèle très sympathique. Un agréable lieu de séjour, d'autant que les environs recèlent quelques jolis sites.

36km au sud de Rethymnon

COULEUR LOCALE

4km séparent Plakias de Myrthios, village juché en vigie face à la mer de Libye. Avec ses maisons chaulées, ses volets bleus, ses échoppes d'artisans, Myrthios est un parfait cliché crétois que la plupart des touristes dédaignent. On peut y dormir au calme et y trouver des restaurants fort plaisants.

À NE PAS MANQUER

- Monastère de Preveli
- plage de Preveli

Préparation des filets, Agia Galini

Vues exceptionnelles et objets de dévotion

Monastère de Preveli

Ce monastère occupe deux sites : Kato Moni Preveli, à l'abandon, hébergeait jadis les frères convers (moines travailleurs). Ses émouvantes ruines jouant une partition mimétique avec la roche environnante valent le coup d'œil. Deux kilomètres en amont, Piso Moni Preveli, fondé au 18e s., fut un haut lieu de la résistance crétoise, aux Ottomans en 1866 puis aux nazis pendant la Seconde Guerre mondiale. Il est perché face à une vue grandiose sur la mer de Libye. L'église conserve des icônes anciennes et un "crucifix miraculeux" en or et argent contenant un morceau de la Vraie Croix qui aurait le pouvoir de guérir les aveugles... Les miracles ne s'arrêtent pas là : le site abrite un arbre à souhaits et une fontaine rédemptrice.

9km au sud-est de Plakias 2832 04 14 44 www.preveli.org Mars-mai : tlj. 8h-19h ; juin-oct. : tlj. 9h-13h30 et 15h30-19h ; reste de l'année : dim. 8h-20h et vacances 2,50€

À FAIRE

Allez à la plage

À Agia Galini

Trop de monde, trop de gravier et trop de vent à la **plage d'Agia Galini**. La situation s'améliore après la rivière et le petit pont. À l'est du village, derrière la colline, en suivant le sentier côtier. La **plage d'Agios Pavlos** est célèbre pour ses falaises et ses magnifiques rochers plissés. Autres possibilités, plus sauvages, un peu plus vers l'ouest, derrière la pointe (attention, chemins escarpés).

Agios Pavlos se trouve env. 20km à l'ouest d'Agia Galini, par la côte, ou par bateau

L'abondante palmeraie de Preveli

À Plakias

La plage de **Plakias** est un long ruban de sable (1,5km) propre et jamais bondé car très venté. Le naturisme est toléré à son extrémité orientale. À l'est du cap Kakonouri s'étend celle de **Damnoni**, spot de sports nautiques (de bruyants scooters des mers) auquel succèdent une crique naturiste et une autre, plus "textile". De Damnoni, vous pourrez rallier en voiture la plage de **Skinaria** (7km à l'est) en passant par Lefkogia.

Plage et palmeraie de Preveli

La "grande rivière" (Megalopotamos) vient se jeter nonchalamment sur une belle plage de sable fin à la sortie des gorges de Kourtaliotiko. Les palmiers endémiques, lauriers-roses, tamaris et buis bordant son cours forment un véritable labyrinthe végétal. La palmeraie de Preveli est désormais protégée. Pour l'atteindre, marchez 15min et franchissez la rivière à gué. On se baigne au choix dans l'eau douce ou la mer de Libye.

10km au sud-est de Plakias En voiture : La plage s'étend au pied d'escaliers aussi raides que longs (20-25min) qui descendent du parking payant (1,50€) situé à 1km du monastère de Preveli. Attention à la remontée, assez pénible par grosse chaleur En bateau : Avr.-oct. : départ de Plakias 10h30 et 12h30, retour 15h30 et 16h30

Adonnez-vous au snorkeling

Dive2gether

Snorkeling au large des belles plages proches de Plakias (61€ la demi-journée) et baptême de plongée (85€). Adresse professionnelle misant sur la sécurité.

Plakias 2832 03 23 13 www.dive2gether.com Avr.-mi-nov. : tlj. 9h-13h et 14h-19h

Randonnez

Des gorges de Kourtaliotiko à la plage de Preveli

Il est possible de remonter le Megapotamos vers les gorges de Kourtaliotiko à partir de la plage de Preveli (2km), mais on peut aussi descendre à pied le cours de la "Grande rivière" jusqu'à son embouchure au départ du vieux pont de pierre érigé en amont des ruines de Kato Moni Preveli. Ce parcours d'env. 4km (plusieurs traversées à gué) s'achève sur la plage de Preveli... ou presque ! Car après la baignade il faut encore grimper jusqu'au parking de "Palm Beach" en suivant un sentier abrupt puis emprunter un long escalier.

Durée 3h30 Difficulté Passages glissants, la fin du parcours peut être éprouvante par forte chaleur (120m de dénivelé) Retour En haute saison, quelques cars relient Piso Moni Preveli à Plakias et Preveli à Rethymnon

NOS ADRESSES

PAUSES

Gourmandises en terrasse

C'est la vie

Grand café sur le port dont les canapés en terrasse invitent à la détente. D'excellentes douceurs sucrées (glaces, gaufres, crêpes...).

AGIA GALINI Sous le restaurant Madame Hortense 2832 09 11 13 Avr.-oct. : tlj. 8h-tard dans la nuit

Pause au bord de l'eau

Armeriki

Au bord de l'eau, quelques tables en fer forgé pour un café, un thé ou un cocktail.

PLAKIAS À l'est de la baie Mai-oct. : tlj. 10h-dernier client

RESTAURANTS

Bonne taverne de plage

Taverna Kostas €

Au bout de la plage d'Agia Galini, c'est sans doute la plus authentique taverne de ce petit port défiguré, jusque dans l'assiette, par le tourisme. Des chaises bleues et des lampions, les pieds dans le sable et des plats simples (grillades, poisson frais). Une cuisine de qualité, accueil sympathique et addition sage. Env. 12€/pers.

AGIA GALINI Au bout de la plage 2832 09 13 23 Avr.-fin oct. : tlj. 9h-23h

Petits mijotages entre amis

Agios Pavlos Taverna €

Plats mijotés maison et poisson frais sur l'ardoise de cette taverne, où les habitués de la petite baie d'Agios Pavlos se donnent rendez-vous. Ambiance conviviale et cuisine fiable. Carte 15€.

AGIA GALINI (20km à l'ouest du bourg) Avr.-fin oct. : tlj. 10h-dernier client

Terrasse perchée

Madame Hortense €€

Ce nom est une référence à la mère maquerelle d'Alexis Zorba, de Kazantzakis. Terrasse couverte perchée au-dessus du port, nappes blanches et bonne cuisine (lapin au citron, poissons au four, bœuf aux oignons et curry...) pour un dîner romantique. De 15 à 20€ le repas.

AGIA GALINI Sur le port 6932 98 95 38 Mi-avr.-oct. : tlj. 12h-15h et 18h-0h

À l'ombre des tamaris

Christos Taverna ♥€€

Sa terrasse ombragée par de vieux tamaris, au bord de l'eau, est la plus convoitée de Plakias. La plus authentique aussi. On y mange du bar fumé ou du poisson frais à choisir en cuisine. Christos prépare également une merveilleuse soupe de poisson sur commande. Une très bonne table. Comptez 15-20€.

PLAKIAS Sur le port, à hauteur de l'embarcadère 2832 03 14 72 Avr.-oct. : tlj. 12h-dernier client

Filez vers l'ouest pour séjourner dans une Crète ayant tout gardé de son cachet traditionnel. Dominé par les sévères Montagnes Blanches, le district de Chania, hormis la côte, n'est pas toujours facile d'accès mais la récompense est à la hauteur de l'effort : gorges spectaculaires, villages hors du temps, plages délectables, monastères... et, en vitrine : Chania, incontestablement la plus belle ville crétoise.

Le district de Chania

Camaïeu de bleu au lagon de Balos

Plan 4

KYTHIRA
LE PIRÉE
ME
GRAMVOUSSA
LAGON DE BALOS
PRESQU'ÎLE DE GRAMVOUSSA
GOLFE DE KISSAMOS
PÉNINSULE DE RODOPOS
Agios Paulos
Afrata
Rodopos
Monastère Gonias Odigitrias
Ravdoucha
Kolymbari
Agoi Theodori
E65
Maleme
Falassarna
Kalyviani
KISSAMOS (KASTELI)
E65
90
Platanias
90
Agia Marina
Stalos
Nopigia
Baie de Livadi
Kyrtomados
Platanos
Potamida
Koufos
Agia
Polyrrinia
Voukolies
Zoodokhou Pighis
Voulgaro
Baie de Sfinari
Mouri
Alikianos
Grotte d'Agia Sofias
Fournes
Sfinari
Papadiana
Skines
Gorges de Koutsomatados
Kambos
Milia
Meskla
Lakki
Vlatos
Keramoti
Limni
Sembronas
Zourva
Kefali
Elos
Amygdalokefali
Perivolia
Vathi
Stomio
Plateau d'Omalos
Agia Irini
Baie de Stomio
Moustakos
Kantonos
Plemeniana
Anissaraki
Omalos
Refuge de Kallergi
Kakodiki
Gorges d'Agia Irini
Monastère de Chrysoskalitissas
Sklavopoula
Xyloskalo
Agios Nikolaos
Temenia
Île d'Elafonissi
Kadros
Voutas
Chyrtakina
Mont Gingilos 2 080 m
Samaria
Elafonissi
Moni
Baie d'Elafonissi
Azogyres
Gorges de Samar
Anydri
Sougia
Paleochora
Lissos
Koundoura
Baie de Selino Kasteli
Agia Roumeli
N
5 km
Mer de Libye
Gavdos

R DE CRÈTE
Stavros
MONASTÈRE KATHOLIKO
MONASTÈRE DE GOUVERNETO
BAIE DE KALATHAS
Tersanas
MONASTÈRE AGIA TRIADA
LE PIRÉE
GOLFE DE CHANIA
Kounoupidiana
PRESQU'ÎLE D'AKROTIRI
GALATAS
TOMBE DE VENIZELOS
MARMARA
Korakies
Profitis Ilias
Aronio
Sternes
CHANIA
Marathi
Perivolia
BAIE DE SOUDA
ÎLOT DE SOUDA
SOUDA
Mournies
Nerokouros
E65
Kalami
Malaxa
KOUMOS
BAIE DE KALYVIA
APTERA
Kalyves
Almyrida
GORGES DE THERISSO
KILIARIS
Gavalohori
Stilos
Therisso
90
Vamos
Kefalas
KIRIAKOSELLIA
Pemonia
APOKORONAS
Vrysses
Fres
Nipos
Georgioupoli
90
Vafes
Maza
BAIE D'ALMIROS
Embrosnero
E65
Alikambos
RETHYMNON, HÉRAKLION
MONT MELINDAOS 2 135 M
LEFKA ORI
Dramia
LAC DE KOURNAS
Episkopi
PARC NATIONAL DE SAMARIA
MONT KASTRO 2 218 M
ASKYFOU
MONT TRIPALI 1 494 M
Kournas
MONT PACHNES 2 452 M
Petres
Goni
Argyroupoli
MONT AGATHES 1 511 M
Imbros
GORGES D'IMBROS
DISTRICT DE RETHYMNON
Myriokefala
ARADENA
GORGES D'ARADENA
Anopoli
LIVANIANA
Loutro
Komitades
Vouvas
Patsianos
Ano Rodakino
MARMARA
Chora Sfakion
Kapsodasos
BAIE DU PHŒNIX
GLYKA NERA
Frangokastello
GAVDOS

★ LES INCONTOURNABLES

★**LAGON DE BALOS** (p.171) pour sa plage paradisiaque exceptionnelle.

★**PRESQU'ÎLE D'AKROTIRI** (p.161) pour son panorama, ses monastères et ses criques.

★**LOUTRO** (p.185) pour le côté "bout du monde" de ce village.

★**GORGES DE SAMARIA** (p.180) pour une randonnée spectaculaire dans l'un des plus beaux canyons d'Europe.

★**CHANIA** (p.158) pour le charme de son centre historique.

NOS CONSEILS

De plages en gorges spectaculaires, voici des astuces et des bons plans pour réussir votre périple dans l'ouest de l'île.

Profitez du port de Chania en solitaire

Le port de Chania est un bijou très courtisé. Si vous voulez l'arpenter sans jouer des coudes, levez-vous tôt. Allez-y à l'ouverture des tavernes, pour un premier café matinal et solitaire : les quais qui s'animent à peine se dévoileront rien que pour vous.

À Balos, choisissez votre horaire

Le lagon de Balos est incontestablement un paradis, mais... les tours-opérateurs et autres bateaux d'excursion chargés de touristes en ont fait leur destination phare. Impressionnant. L'invasion commence vers 11h et se calme vers 16h. Si vous voulez profiter de quelques heures de tranquillité, tenez-en compte. Le lever et le coucher du soleil sont des moments de grâce.

À Kiriakosellia

Déjeunez en paix à l'ombre des arbres

Tout voyageur amateur de fresques et d'icônes se rendra à Kiriakosellia (p.162). Poussez alors jusqu'au village de Stilos, 9km au nord-est. Il abrite de bonnes tavernes où déjeuner sous les arbres, ainsi qu'une belle église byzantine, hélas fermée à la visite.

Faites des provisions pour le bout du monde

La presqu'île de Rodopos (p.169) tentera les amateurs de solitudes rocheuses. On y rencontre bien quelques villages mais, passé Afrata, où trouver de bonnes tavernes, c'est le désert. Aucune boutique, pas de point d'eau ni d'essence.

Abordez les gorges en sécurité

Soyez bien chaussé et chapeauté. Certains passages sont à gué : prévoyez de quoi essuyer vos pieds, sinon gare aux ampoules. Emportez une petite bouteille d'eau pour vous désaltérer entre les sources ou robinets, distants de plusieurs kilomètres. Il vaut mieux partir dès l'ouverture des gorges pour les aborder seul... ou presque, car à Samaria, la foule est dense. Renseignez-vous bien sur les horaires des cars et des bateaux pour coordonner efficacement aller, temps de marche (env. 6h) et retour. Le site est payant, pour l'entretien des infrastructures, et le

Le lac de Kournas, seul lac naturel de Crète

billet, daté, vous sera demandé à la sortie. N'espérez pas passer une nuit à la belle étoile au fond du canyon.

Prenez vos distances

Ah ! Elafossini ! Sa plage, son lagon, son île sont autant de promesses de délices balnéaires que vous partagerez avec des centaines de colocs venus en masse. Pour avoir un peu de paix, rejoignez l'île et partez en quête des criques de la côte sud, beaucoup plus tranquilles. Le must est de passer la nuit dans ce site divin, à la belle étoile. Le sable y est si doux...

Kournas, allez-y le matin

Les tours-opérateurs ont désormais listé le lac de Kournas (p.164) sur leurs prospectus, et les cars déversent leurs lots de touristes, l'après-midi, pour une ou deux heures. De quoi altérer le plaisir d'un moment paisible dans un cadre bucolique. Allez-y le matin et déjeunez dans une des tavernes. Emportez des sandales pour faciliter la baignade et un peu de pain pour amadouer les oiseaux et les tortues.

✖ Vilains insectes

Vous ne serez pas seuls sur la presqu'île d'Akrotiri qui héberge aussi des nuées de vaillants moustiques. Prévoyez les armes nécessaires : emportez crèmes et répulsifs dans votre sac.

✖ Attention aux pénuries d'espèces

Sur la côte sud du district de Chania, vous ne trouverez de distributeurs de billets qu'à Hora Sfakion et à Paleochora. Faites le plein d'espèces avant de vous aventurer dans des lieux reculés.

RENDEZ-VOUS AVEC...

Marié et père de trois enfants, **Matthaios Stavroulakis** a, comme de nombreux Grecs, deux activités. Il travaille le matin à la mairie d'Apokoronas et l'après-midi s'occupe de ses champs d'oliviers près de Vamos. Il nous raconte sa région.

Mon oasis
Mes oliviers

Je passe beaucoup de temps au milieu de mes cinq cents oliviers, au lieu-dit Panagia. Mon terrain est situé à l'ouest de Vamos et domine la vallée à 250m d'altitude. De là, la vue est magnifique sur les Lefka Ori. C'est une merveille en pleine nature. Nous veillons à faire une huile bio de qualité et à la fin de la récolte, mi-novembre, on organise une grande fête où coulent l'huile nouvelle et le *tsikoudia*.

À l'ouest de Vamos (30km au sud-est de Chania)

Mon *kafeneion*
Kolimbos

Près de Vamos, dans le petit village de Kalamitsi Alexandrou, sur la place du village, j'ai un coup de cœur pour ce *kafeneion* où je viens boire du *tsikoudia* accompagné de *mezedes*. C'est un petit coin où l'on vit des moments très simples et crétois : quelques tables en terrasse, une pièce voûtée pour l'hiver et une ambiance assurée.

Place du village Kalamitsi Alexandrou (5km au sud de Vamos) 697 848 25 10
Tlj. 19h-0h

SI MA RÉGION ÉTAIT...

Une odeur Ce serait le parfum du thym et de l'origan, qui embaume la région. Il suffit de se pencher pour prendre quelques herbes au creux de la main, les sentir en fermant les yeux, et voilà la Crète ! C'est un parfum persistant, qui nous suit longtemps, d'autant plus qu'on le retrouve dans la gastronomie.

ADRESSES

- **A** Les oliviers de Matthaios Stavroulakis
- **B** Kolimbos
- **C** Rebetiko
- **D** Lakoi
- **E** Gorges d'Agia Irini

Ma plage
Lakoi

Sur la côte sud, juste après Chora Sfakion et avant Fragokastelo, voilà trois petites anses bordées de tamaris et de pins où l'eau n'est jamais très agitée. Des oliviers descendent jusqu'en bordure de plage. Devant le calme de la mer bleu turquoise, je me détends. Et comme il y a deux

L'olivier, plante emblématique de la Crète

tavernes, on y passe la journée en famille entre baignades et bon repas.

45km au sud de Vamos

Ma taverne
Rebetiko

Je descends à Sougia pour déguster une recette de notre région, le *tsigariasto*, qui se fait soit sur le *tsikali* (poêle crétoise) soit au four. Elle est magistralement préparée par Antonis, le patron de la taverne. Il s'agit de morceaux d'agneau cuits avec de l'huile et des oignons : un délice. La qualité de la viande est excellente car elle provient de l'élevage du propriétaire.

Rue principale Sougia (60km au sud-ouest de Chania) 282 305 15 10 Début avr.-début nov. : tlj. 12h-0h

Mon escapade préférée
Les gorges d'Agia Irini

Avec l'association culturelle de Kaïnas, un village du coin, nous organisons des randonnées dans les gorges et je ne manque jamais celles d'Agia Irini, au nord de Sougia. Elles sont longues de 7,5km et nous les traversons en 3h, ce n'est pas éreintant et c'est de toute beauté. On croise de nombreux animaux, arbres et plantes dans ce sanctuaire de la vie sauvage, dont la plante sacrée de Crète, le *diktamo*.

25km au sud-ouest de Chania
www.visitsougia.com/agiairinigorgesougia

MON BARDE

Psarantonis C'est l'un des musiciens crétois que j'apprécie le plus. Il joue de façon exceptionnelle de son instrument, la lyre, et sa voix profonde semble sortie des cavernes. Avec une barbe et une chevelure bien fournies, sa silhouette est inoubliable, comme sa musique. Il appartient à une lignée de musiciens crétois dont le célèbre Nikos Xylouris, disparu trop jeune, qui était son frère.

CHANIA ★

Les Chaniotes sont fiers de leur ville, et tout leur donne raison. Dynamique, Chania a su tirer parti de son patrimoine, classé par l'Unesco, tout en restant vivante. Plantée sur un cap fendant la mer Égée, enserrée de remparts, la vieille ville est un ensemble de quartiers contrastés qui, chacun, déploie un caractère particulier. Avec ses restaurants inventifs et ses hôtels de charme, Chania est une étape obligée d'où l'on rayonne pour explorer la région, et plus particulièrement les monastères de l'Akrotiri, au nord.

ACCÈS ET INFOS

- KTEL Nombreuses liaisons avec Rethymnon, Héraklion, Omalos (gorges de Samaria), Sfakia, Paleochora, Sougia, Kissamos, Agia Triada, Falassarna, Elafonissi Place 1866 2821 09 33 06 www.bus-service-crete-ktel.com/timetables.htm
- Office municipal de renseignements touristiques Mylonogianni 153/Kydonias Lun.-ven. 8h30-14h30 Un kiosque près du marché couvert et un autre au port devant la mosquée Gialli ouvrent selon la disponibilité des bénévoles Lun.-sam. 10h-14h
- EOS (Club alpin hellénique) Tzanakaki 90 2821 04 46 47 www.eoshanion.gr Lun.-ven. 21h-23h

À VOIR

CHANIA

Chania (dite aussi La Canée en français) doit beaucoup à ses architectures ottomane et vénitienne. Les tons dorés, ocre, roses et rouge sang qu'ont imprimés les Vénitiens aux façades des maisons lui confèrent un charme fou. Les quais du port, dessinés en une courbe harmonieuse, les ruelles pittoresques des quartiers de Topanas et Evraïki, piétonnes pour la plupart, ajoutent encore à l'irrésistible attrait de la ville. À découvrir aussi, derrière le marché central, le quartier branché de Splanzia, bien restauré, et, à l'est, celui de Chalepa, qui s'éveille doucement.

Coup de cœur garanti

Port vénitien

La visite de la vieille ville commence tout naturellement par celle du très séduisant et coloré port vénitien, autour duquel rayonnent les différents quartiers. Il est fermé à l'ouest par la forteresse de Firkas (1629) et à l'est par la muraille et les arsenaux vénitiens. D'importants travaux de restauration lui ont rendu tout son lustre. Le phare qui surveille l'entrée du port au nord fut érigé par les Égyptiens pendant les dix années (1830-1840) que la ville passa sous leur contrôle. Vous remarquerez la forme de gros insecte de la **mosquée des Janissaires** (dite également de Küçük Hasan ou tout simplement Koubes), la plus ancienne de Crète (1645). Elle a perdu son minaret, détruit en 1920, et sert aujourd'hui de lieu d'exposition.

À NE PAS MANQUER

- Musée archéologique
- Monastère Agia Triada
- Aptera

Le port vénitien de Chania et ses façades chamarrées

Croisière historique

Musée de la Marine

On le voit de loin, tout habillé de rouge et précédé d'une énorme ancre de marine. Aménagé en partie dans la forteresse de Firkas, il enchantera les amateurs de curiosités ayant trait à la navigation : maquettes de navires, instruments de pilotage, uniformes, tableaux. Il offre aussi de passionnants survols historiques, montrant l'évolution de la batellerie depuis l'époque minoenne et évoquant la bataille de Crète (1941).

Akti Kountourioti Vieux Port 2821 09 18 75 www.mar-mus-crete.gr Mai-oct. : lun.-sam. 9h-17h, dim. 10h-18h ; nov.-avr. : tlj. 9h-15h30 3€

Art byzantin

Musée byzantin

Une petite mais touchante galerie où la beauté du lieu, l'église San Salvatore du 15e s., valorise les pièces exposées : peintures, fresques, icônes, mosaïques, sculptures, poteries, bijoux et autres objets datant des deux périodes byzantines (5e-9e s. et 10e-12e s.).

Theotokopoulou 78 Mar.-dim. 8h-15h 2€

Retour aux sources crétoises

Musée archéologique

Le privilège de pénétrer la très belle église vénitienne San Francesco (15e s.) se double du plaisir de contempler d'exceptionnelles collections provenant des fouilles effectuées autour de Chania. Un antique troupeau de taureaux votifs en terre cuite délimite deux espaces : d'un côté, les œuvres datant du néolithique à la période minoenne et, de l'autre, celles des époques dorienne et

Au musée archéologique de Chania

romaine. Dans les salles minoennes, ne manquez pas les splendides sarcophages décorés de scènes naturalistes (1400-1200 av. J.-C.). Dans les salles romaines, remarquez la mosaïque polychrome représentant *L'Enlèvement d'Amymoné*. Et dans le petit jardin, on admirera une fontaine turque et un chapiteau vénitien en marbre sculpté.

Chalidon 30 📱2821 09 03 34 🕒 Mar.-dim. 8h-15h € 4€

Généreux bric-à-brac

Musée de la Maison crétoise

Vite parcouru, ce musée présente une série de pièces aménagées qui reproduisaient à l'origine des intérieurs de maisons crétoises traditionnelles. Depuis, l'amour des tissus brodés l'a emporté, et l'ensemble évoque plutôt la caverne d'Ali Baba... Peu importe, le résultat, plein de charme, mérite la visite.

Chalidon 46B (dans la cour de l'église catholique, en haut d'un escalier) 📱2821 09 08 16 🕒 Avr.-oct. : mar.-sam. 9h-18h, dim. 11h-16h ; nov.-avr. : tlj. 9h-14h € 2€

Dans les pas d'un "géant"

Maison d'Eleftherios Venizelos

Eleftherios Venizelos, homme d'État, habita cette demeure bourgeoise construite par son père. D'une pièce à l'autre, on découvre les étapes de son parcours : révolutionnaire, journaliste, avocat, diplomate et enfin Premier ministre de la Grèce. Ses combats sont expliqués et son univers intime, conservé à l'identique, émeut. L'épisode douloureux de l'exil à Paris et ceux des attentats dont il réchappa sont évoqués de façon frappante, et vous pourrez même voir la voiture criblée de balles.

Pl. Elena Venizelou Chalepa 📱2821 05 60 08 🕒 Mi-juin-sept. : lun.-ven. 10h30-13h30 et 18h30-21h, sam. 10h30-13h30 ; oct.-mi-juin : lun.-ven. 11h-13h30 et 18h-20h, sam. 11h-13h30 € 3€

IL ÉTAIT UNE FOIS

Eleftherios Venizelos (1864-1936) est une légende. Né près de Chania, il entre en politique en 1886, à l'âge de 22 ans. Contraint à l'exil en 1935, il mourra à Paris. Pendant ce demi-siècle, il s'est imposé comme "le père de la Grèce moderne". Après avoir fomenté la révolte de la Crète en 1897-1898, il devient Premier ministre de la Grèce en octobre 1910 et insuffle de grandes réformes sociales.

LA PRESQU'ÎLE D'AKROTIRI ★

Aux portes de la ville, c'est la campagne, ou presque, déjà les oliveraies, le maquis, les petites routes... Sur cette péninsule, vous découvrirez quelques plages de sable assez plaisantes, la sépulture de Venizelos et, surtout, de majestueux monastères qui justifient à eux seuls le détour. De quoi remplir une bonne journée.

Allégorie panoramique

Tombe d'Eleftherios Venizelos

Représentant un fier combattant crétois, en tenue traditionnelle, avec moustache et couteau, en marche vers la liberté, une majestueuse statue de bronze domine le tombeau d'Eleftherios Venizelos et de son fils. Il se trouve au sommet de la colline du prophète Élie d'où le panorama sur la ville et les Montagnes Blanches est magistral. Vous pouvez aussi profiter de la vue au café Koukouvagia, en contrebas de la statue.

1km à l'est de Chania en dir. de la presqu'île

Superbe sanctuaire vénitien

Monastère Agia Triada

La route bordée de cyprès qui mène au monastère s'achève au pied d'un portail monumental de style classique, flanqué d'un campanile d'influence vénitienne. La date de 1632 gravée sur la façade indique l'année de la consécration du sanctuaire. Le porche franchi, on traverse un jardin fleuri avant de déboucher sur une église aux pierres roses, ornée de pilastres et surmontée de trois dômes. Le tableau est charmant. À l'intérieur, un immense Christ Pantocrator occupe la coupole. Un petit musée expose de belles icônes des 15e-17e s. À la sortie, vente d'huile d'olive et de vin d'excellente qualité, produits sur les terres du monastère.

Env. 17km au nord-est de Chania 2821 06 35 72 Tlj. 8h-19h 2€

Au bout du monde

Monastère de Gouverneto

Partant d'Agia Triada, une route sinueuse aux paysages sauvages mène à Gouverneto, un monastère aux allures de place forte. À l'abri de ses hauts murs, deux belles églises de style vénitien, érigées en 1548, s'élèvent dans le jardin. L'une est dédiée à la Vierge Marie et l'autre à Jean l'Ermite, un saint local du 9e s. encore très vénéré, qui s'était retiré dans une grotte voisine et se nourrissait exclusivement d'herbes sauvages. La grotte se trouve sur le sentier qui permet d'accéder aux ruines solennelles du **monastère Katholico**, le plus vieux de Crète (6e s.). Dans un site grandiose, il s'arrime aux parois de gorges arides, coupé du monde.

Tlj. 7h-14h et 16h-20h

AU SUD DE CHANIA

Chapelle confidentielle

Sotiras Christos

La visite de la chapelle du Christ-Sauveur sera l'occasion d'explorer l'arrière-pays chaniote, une succession de vallons verdoyants où les orangers poussent à profusion. Sotiras Christos est décorée de fresques datées de 1303, hélas en mauvais état.

Meskla (19km au sud-ouest de Chania, via Fournes) Entrée par la porte latérale, en principe ouverte

Échappée belle

De Meskla aux gorges de Therisso

À la sortie de Meskla, empruntez le chemin qui s'élève en lacet sur les contreforts des Montagnes Blanches. Sur votre droite, vous verrez les belles **gorges de Vryssi**, noyées de verdure, dominées par le bourg de Lakki. La route décrit ensuite une large boucle sur un plateau offrant quelques magnifiques points de vue, avant de traverser Therisso, où Venizelos réunit, en 1905, la première assemblée de nationalistes crétois – événement honoré par de nombreuses statues. Passé cette localité dotée d'une église byzantine et de quelques tavernes aux terrasses engageantes, la route remonte une vallée encaissée où les Crétois livrèrent des combats épiques contre les Ottomans. Une agréable balade.

AU SUD-EST, LE PAYS D'APOKORONAS

Un curieux florilège de vestiges

Aptera

Voilà un site archéologique vraiment surprenant parce que représentatif de diverses époques, allant du minoen à la Seconde Guerre mondiale. On trouve ici les traces d'une des cités les plus prospères de la Crète antique, probablement fondée au 8e s. av. J.-C. Dominant fièrement la baie de Souda, elle contrôlait le trafic maritime de la Crète occidentale jusqu'à être détruite par un séisme dévastateur au 7e s. de notre ère. Ses trésors sont exposés au Musée archéologique de Chania. La balade croise des tombes minoennes, des vestiges romains (de gigantesques citernes, des bains publics, un amphithéâtre, etc.) puis le monastère Saint-Jean-le-Théologien, édifié vers 1200 avec des pierres de remploi, des ruines vénitiennes, ou encore deux forteresses relevées par les Turcs au 19e s. À l'ouest, se dresse un bunker allemand que côtoie la villa romaine "au péristyle".

15km à l'est de Chania – et 1km au sud de la nationale 2821 04 44 18 Mar.-dim. 8h-15h 2€

Fresques et icônes superbes

Église de Kiriakosellia

L'une des plus belles églises de Crète se trouve dans le village de Kiriakosellia. La partie la plus ancienne de ce sanctuaire dédié à saint Nicolas est tapissée de fresques du 13e s., aux bleus très profonds, évoquant l'œuvre du peintre florentin Giotto. Remarquez, dans la coupole, au-dessous du Christ Pantocrator, *Les Rois mages arrivant à Bethléem* ; sur le côté gauche de la nef, une *Mise au tombeau*. Le village de **Stilos**, 9km au nord-est, abrite de bonnes tavernes où déjeuner sous les arbres, ainsi qu'une belle église byzantine, hélas fermée à la visite.

19km au sud-ouest d'Aptera via Stilos
🕒 Tlj. 8h-14h (si l'église est fermée, s'adresser au kafeneion du village de Samonas)

L'écovillage de Vamos

Bourgade écotouristique
Vamos Traditional Village

Le rêve d'une bande de copains devenu réalité… Faire revivre, avec le soutien de fonds européens, le bourg de leur enfance en gardant intactes les traditions. Mission accomplie avec succès : une cinquantaine de maisons restaurées en gîtes, une fabrique de confitures et de pâtes employant les femmes du village, une taverne créative, un café culturel… Exemple rare de développement alternatif, faisant la promotion d'un écotourisme et d'un agrotourisme éthiques, où trouver d'excellents produits crétois.

28km au sud-est de Chania 📱2825 02 21 90 www.vamosvillage.gr 🕒 Été : lun.-sam. 10h-20h, dim. 10h-14h ; hiver : lun.-sam. 10h-15h

Pour une pause gourmande
Vrysses

La voie rapide reliant Chania à Rethymnon traverse ce gros bourg verdoyant, réputé pour son yaourt au miel, à déguster dans l'une de ses tavernes, sous les énormes platanes qui bordent la rivière.

15km à l'est de Kiriakosellia et 35km au sud-est de Chania

Art byzantin
Maza

Au cœur du village, l'église Agios Nikolaos renferme de belles fresques (1326) dues à Ioannis Pagomenos, l'un des rares peintres byzantins à signer ses œuvres. La porte est généralement ouverte, il suffit de la pousser. Mais mieux vaut vous adresser au *kafeneion* voisin : le sympathique patron sera ravi de vous fournir quelques explications !

4km au sud-est de Vrysses via Filippos

Petit trésor orthodoxe
Église d'Alikambos

La minuscule église byzantine de la Panagia Koïmisis (Assomption), indiquée “Church of Koïmesis” sur les panneaux routiers, recèle de splendides fresques réalisées par Pagomenos vers 1315 et mieux conservées que celles de Maza. La clé de la chapelle est à récupérer sur les hauteurs du village : demandez le pope au *kafeneion* – évitez l'heure de la sieste, vous ne trouverez personne ! N'oubliez pas de laisser quelques euros à la fin de la visite.

Alikambos 2,5km au sud de Maza et 43km au sud-est de Chania

Joli cadre pour un plongeon

Georgioupoli

Cette station balnéaire aux rues ombragées par d'énormes eucalyptus s'inscrit dans un magnifique cadre montagneux. Niché dans la baie d'Almiros, à l'embouchure d'une paisible rivière, son petit port de pêche reste attrayant en dépit des infrastructures touristiques et, au bout d'une digue de pierre, la plus adorable des petites chapelles apparaît comme flottant sur les eaux.

10km à l'est d'Alikambos et env. 42km au sud-est de Chania

À Georgioupoli

Baignade en eau douce

Lac de Kournas

Le seul lac naturel de Crète (65ha), classé Natura 2000, est cerné de montagnes abruptes que reflète sa surface changeante. Il n'est tributaire d'aucun cours d'eau, alimenté par des résurgences de la nappe phréatique. On peut se baigner dans son eau cristalline, se reposer sur la petite bande de pelouse ou de sable qui frange ses rives, y louer un pédalo ou un kayak et profiter de ses tavernes.

4km au sud de Georgioupoli

Petit détour pour de belles fresques

Kournas

Poussez la promenade jusqu'au village de Kournas, à 5km du lac. Ne manquez pas la jolie église Agios Georgios (demandez la clé à la taverne). Son campanile est décoré du lion de Saint-Marc, l'intérieur, de fresques du 14e s. – très défraîchies dans la nef, mais bien conservées dans le chœur et sur certains piliers.

8km au sud-est de Georgioupoli

À FAIRE

Allez à la plage

À Chania

Les plus belles plages se trouvent à l'ouest de la ville : Galatas, Chryssi Akti et Agii Apostoli (une des plus agréables, à env. 5km du centre-ville), auxquelles s'ajoutent Agia Marina (à 8km) et Platanias (à 10km). Si vous n'êtes pas motorisé, prenez le bus 21, place 1886.

Baie de Kalyvia

Cette baie, à une vingtaine de kilomètres au sud-est de Chania, abrite plusieurs plages plaisantes, notamment celle de **Kalyves**, longue, et où des arbres épars procurent un peu d'ombre, et celle d'**Almyrida** (préférez la petite crique à côté de la bande de galets plutôt que la grande plage de sable).

Baie d'Almiros

La longue et ravissante plage de sable de **Georgioupoli**, avec sa chapelle blanche posée sur la mer au bout d'une petite digue, peut faire l'objet d'une pause agréable.

Env. 30km au sud-est de Chania

Dégustez du vin crétois

Domaine Manousakis

Visite du domaine, dégustation et achat de vin, si le cœur vous en dit. Plusieurs formules, du simple tour de l'exploitation au déjeuner sur place (mar.-ven.) en passant par le plateau de fromages pour accompagner la dégustation. De 6 à 35€/pers.

Vatolakkos (15km au sud-ouest de Chania) 2821 07 87 87 www.manousakiswinery.com Lun.-ven. 10h-18h sur rendez-vous

NOS ADRESSES

PAUSES

Pause-café

Dagkli

On dirait une petite gare de campagne ! Ce café-bar miniature ne désemplit pas. Donnant sur la place Venizelos, à deux pas de la maison du grand homme, des tables de bois sont dressées sur le trottoir pour une pause cocktail, ou pour un café assorti d'un gâteau maison.

CHANIA Dagli 6 Avr.-oct. : tlj. 7h30-dernier client ; nov.-mars : tlj. 7h30-17h

Bar de charme

Sailing Club Lounge Cafe

Le bar du club nautique de Chania est un des plus jolis spots de la ville pour prendre un verre. Sous les voûtes de l'arsenal Moro (16e s.), des chaises et tables de couleurs vives ont été installées. De la terrasse, adossée au rempart, la vue est imprenable sur le port et son phare. En bonus, expos et performances.

CHANIA Neorio Moro (extrémité est du vieux port) 2821 04 02 65 Tlj. 9h-23h

Un verre au monastère

To Monastiri tou Karolou

Ancien coiffeur chez Carita à Paris et sculpteur, Carolos a rénové ce monastère pour en faire un centre culturel. Il fut le premier à miser sur ce quartier et à ouvrir la voie. Le bar qui accueille des concerts, des expositions, des représentations théâtrales, est devenu un must des nuits de Chania.

CHANIA Chatzimichali Daliani 22 (Evraïki) 2821 05 01 72 Lun.-sam. 13h-dernier client, dim. 13h-21h

Bain de jouvence

Synagogue

La jeunesse chaniote aime à passer ses soirées dans les salles (à ciel ouvert) décorées de verdure, de tableaux et de lumières tamisées de ce grand bar cosy installé dans les ruines vénitiennes d'une ancienne synagogue. Cocktails à partir de 8€.

CHANIA Skoufon 15 (Evraïki) 2821 09 52 42 Avr.-sept. : tlj. 20h-tard

Bar caméléon

Bohème

Sous un grand platane, dans une cour attenante au Musée archéologique, la Bohème chante des refrains bien différents selon les heures : café dans la journée, restaurant, puis salle de spectacle le soir. La qualité est au rendez-vous dans les assiettes comme dans la programmation, plutôt éclectique.

CHANIA Chalidon 26-28 2821 09 59 55 Tlj. 9h-3h

RESTAURANTS

Adresse vintage

Oinopoieio €

Une des plus vieilles tavernes-bars à vin de Chania, installée dans le quartier à la mode du marché central. Sa clientèle est devenue plus branchée, mais la qualité reste inchangée. Comptez 10-12€ pour un plat typiquement crétois.

CHANIA Chatzimichali Daliani 46 2821 05 92 04 Tlj. 19h-tard

Comme à la maison

Kouzina e.p.e €

Dans un décor minimaliste et uniquement pour déjeuner (c'est-à-dire jusqu'à 19h30 !), cette adresse du quartier branché de Splantzia affiche souvent complet. La préparation se fait devant vous : soulevez les couvercles pour choisir votre plat ! Cuisine fraîche, et maison, à prix raisonnables. Comptez 12€.

CHANIA Daskalogianni 25 2821 04 23 91 Lun.-sam. 12h-20h

Gastronomie méditerranéenne

To Pigadi tou Tourkou €

Le cadre est réjouissant, paisible, construit autour du puits d'une ancienne maison turque. Mix inventif d'influences grecque, turque et marocaine, la cuisine est à la hauteur du décor. Une excellente moussaka végétarienne. Env. 15€, réservation recommandée.

CHANIA Sarpaki 1-3 2821 05 45 47 www.welloftheturk.com Avr.-oct. : tlj. 18h-tard

Hammiam

Tamam €

Jeu de mots (*tamam* signifie "d'accord" en turc) et jeu de saveurs dans un hammam reconverti : on apprécie la fraîcheur des pierres, à l'intérieur, cependant la terrasse le long de la ruelle ne désemplit pas. Légumes de saison et viandes grillées pour un repas soigné. Belle carte de vins. Carte 15€.

CHANIA Zambeliou 49 2821 09 60 80 Tlj. 13h-0h30

La moussaka de To Pigadi tou Tourkou

Comme un poisson dans l'eau

Thalassino Ageri ♥€

Cette taverne de poisson habite l'ancien quartier des tanneries (*tambakaria*), aujourd'hui réhabilité. Les pieds dans l'eau, au cœur d'une petite crique, on mange des plats succulents servis à prix d'ami. Divin au soleil couchant et en soirée. Carte 15€.

CHANIA Bibilaki 35 Chalepa (à 2km du centre dir. de la tombe de Venizelos : laisser la route qui y monte sur la droite pour longer la mer et prendre la 1re à gauche) 2821 05 11 36 Mars-oct. : tlj. 19h-0h

La mer dans l'assiette

Apostolis €€

Quelques pas de côté depuis le quai Est du port vénitien suffisent pour découvrir Apostolis. Les Crétois, venus entre amis, se bousculent dans cette taverne pour y déguster viandes et poissons grillés, ainsi que de bons fruits de mer. Délicieuse soupe d'oursins. Carte 15-18€.

CHANIA Akti Enosseos 10 2821 04 34 70 Tlj. 10h-dernier client

SHOPPING

Panier garni

Marché couvert

Cette vaste structure en forme de croix, coiffée d'un dôme, fut érigée en 1913 sur le site d'une porte fortifiée. L'endroit, toujours pimpant, est chargé d'odeurs, même si certains commerces de bouche ont cédé la place à des marchands de souvenirs.

CHANIA Pl. Agoras Lun., mer. et sam. 8h30-14h, mar. et jeu.-ven. 8h30-14h et 18h-20h

L'authentique couteau crétois

Armenis

Comment reconnaître un couteau crétois fait main ? Tordu, il casse sans plier, il est signé, et il devient tranchant comme le rasoir une fois aiguisé. L'artisan Armenis en a fait sa grande spécialité.

CHANIA Sifaka 14 2821 05 44 34 Lun.-sam. 9h-22h

Accessoires de mode

Georgina Skalidi

Des formes modernes et des harmonies de couleurs pour des sacs en cuir souple, tous uniques... associés à quelques bijoux d'autres créateurs.

CHANIA Chatzimichali Daliani 58 2821 50 17 05 Avr.-oct. : lun.-sam. 11h-23h ; nov.-mars sur rdv

Sainte huile

Monastère Agia Triada

La communauté monastique produit une huile d'olive particulièrement savoureuse ; allez donc faire un tour dans la petite boutique à l'entrée !

AKROTIRI Env. 17km au nord-est de Chania 2821 06 35 71 Avr.-oct.

KISSAMOS

Tout un ballet de ferries en route vers les Cyclades, le Péloponnèse ou Balos s'évade de ce port de commerce doublé d'un port de pêche. Bombardé pendant la Seconde Guerre mondiale, le centre-ville a été reconstruit à la hâte et a rejoint la plage en un quartier épars et disparate. Cependant, le front de mer a pris forme avec tavernes et magasins rangés le long d'une baie enserrée par deux presqu'îles. Kissamos est une bonne base pour partir en quête de belles plages.

ACCÈS ET INFOS

- KTEL Liaisons avec Chania (45min), Falassarna, Platanos, Elafonissi et Paleochora. Mavromolos Kissamos 2822 02 20 35 www.bus-service-crete.com

À VOIR

KISSAMOS

Kissamos doit son autre nom de Kasteli Kissamou à ses fortifications vénitiennes du 16e s., dont il reste quelques pans. L'environnement fertile composé d'oliveraies et de vergers d'agrumes forme un décor agréable, le port de pêche a beaucoup d'attrait, les rues du centre sont animées et la ville, qui a su diversifier son activité économique, a le charme des destinations qui ne sont pas exclusivement touristiques.

Musée riche et varié

Musée archéologique

La collection, l'une des plus belles et mieux présentées de Crète, expose une période allant de la préhistoire au début de l'ère chrétienne. Outre une belle statuaire gréco-romaine (superbe buste de Dyonisos, statuettes d'*Hercule au gourdin* et d'un satyre vêtu de peaux de bêtes), on découvre l'émouvante stèle de Tyro et son père Sossamenos enterrés dans la même tombe ainsi que de spectaculaires mosaïques mises au jour lors de la construction du centre de soins de la ville, notamment une scène dionysiaque de 9,70m sur 8m. Le musée évoque également l'économie locale, la vie quotidienne en Crète et les rituels antiques liés à la mort.

Pl. Tzanakaki 2822 08 33 08 Mar.-dim. 8h30-15h 2€

LES ENVIRONS DE KISSAMOS

Un trésor byzantin

Moni Gonias

Un obus turc fiché dans un mur en 1867 rappelle que le monastère (aussi nommé Odigitrias) affronta les attaques ottomanes... On admire à l'entrée une fontaine vénitienne puis vient la surprise d'une élégante cour baignée de lumière, plantée d'orangers et parcourue de treilles. Au centre, l'église et son portail baroque. À l'intérieur, de belles fresques. Quant à son trésor, il

À NE PAS MANQUER

- Musée archéologique (Kissamos)
- Moni Gonias (Kolymbari)
- Milia

Dans le musée archéologique de Kissamos

conserve une remarquable collection d'icônes post-byzantines (15e-18e s.), des manuscrits et livres anciens ainsi que des objets sacerdotaux.

Kolymbari 20km à l'est de Kissamos ☎ 2824 02 22 81 ⏱ Avr.-oct. : 8h30-12h30 et 16h-20h ; nov.-mars : 9h-14h et 15h30-17h30 € 2€

Aride Finistère

Presqu'île de Rodopos

Cette presqu'île séduit par son aspect sauvage. Pour gagner, de Kolymbari, les quelques localités rassemblées dans sa partie méridionale, il faut suivre la direction d'Afrata, laisser sur la droite une petite plage sans grand intérêt et prendre à gauche vers Astratigos, puis traverser Aspra Nera pour arriver à Ravdoucha. Au nord de ces villages, plus d'habitations, plus de route (le bitume s'arrête après le village de Rodopos), seulement quelques enclos de chèvres de part et d'autre d'une piste caillouteuse qui aboutit à la belle plage de Diktina.

Une acropole en vigie

Polyrrinia

Le bourg est dominé par une acropole conservant les ruines d'une des plus puissantes cités antiques de Crète occidentale. Hormis les murs cyclopéens ponctués de tours hémisphériques et reconstruits aux époques byzantine et vénitienne, les vestiges sont modestes mais le lieu offre une vue époustouflante, à 360°, sur toute la côte nord. De l'entrée du village, une ruelle grimpe vers ce site et vers la taverne Akropoli, idéale pour prendre un verre au calme. La ruelle dessert la chapelle des Martyrs, érigée en 1894 sur les fondations d'un temple hellénistique et flanquée d'un émouvant cimetière.

7km au sud de Kissamos

Grotte intime

Grotte d'Agia Sofias

Pleine de stalactites et de pigeons, elle héberge une petite chapelle et un trône en bois, très prisés pour la photo souvenir… Ce lieu marque l'entrée des spectaculaires gorges de Koutsomatados.

14km au sud de Kissamos

Étape verdoyante

Kambos

Ce hameau niché dans un vallon fertile, au débouché de jolies gorges, peut fournir un bon camp de base aux amoureux de la nature et de marche. La visite du canyon, réputé pour ses nombreux dictames (plante aromatique), donne l'occasion d'une belle balade dans la verdure (env. 4h AR). Une plage de galets, généralement déserte, vous attend à 4km de Kambos.

27km au sud-ouest de Kissamos

Pionnier de l'écotourisme

Milia 👍

C'est à Vlatos que démarre la piste menant à Milia : 5km de virages gravissent le **mont Kefali** en offrant des points de vue saisissants, pour aboutir à la forêt de la Paix, promesse de sérénité. Milia, hameau de fermettes en pierre croulant

Le hameau de Milia, écoresponsable et autonome

sous la verdure, est un centre écologique cultivant l'autarcie. Presque tout est produit sur place, des vivres à l'électricité solaire délivrée à une quinzaine de cottages. Le prix est raisonnable : chambre double à partir de 79€ pour 2 pers., avec petit déjeuner. Ces chambres, minimalistes mais accueillantes, aménagées dans la plus pure tradition crétoise, méritent le séjour. Vous pouvez vous contenter d'une pause à la taverne, une superbe ferme en pierre, où l'on vous servira un délicieux repas bio. Réservez.

30km au sud de Kissamos via les gorges de Koutsomatados et Vlatos 2821 04 67 74 www.milia.gr Toute l'année

Paradis polynésien

Presqu'île de Gramvoussa et lagon de Balos ★

De Kalyviani, une piste carrossable longe la baie de Kissamos sur 8km jusqu'à un parking (vente de boissons). De là, un sentier traverse la presqu'île de Gramvoussa pour redescendre vers le lagon de Balos (comptez 30min de marche) qu'encadrent deux îlots, Agria et Imeri, ce dernier portant un fort vénitien. Avec sa plage de sable rose léchée par une eau turquoise, ce lieu peuplé d'oiseaux et de coraux est paradisiaque… c'est Bora Bora en Crète. Idyllique, mais l'été il faut composer avec des centaines de touristes.

Une plage de rêve, ou presque !

Falassarna

Via Platanos, une route aérienne (beaux panoramas) mène à la superbe plage de Falassarna, immense, nichée au fond d'une baie. Un long cordon de sable aux reflets roses, des eaux cristallines, azur et les ruines d'une tour, vestige d'une cité portuaire antique : la carte postale serait idéale si ce n'était les vilaines infrastructures de la petite station balnéaire et les serres en plastique qui nuisent à l'attrait du paysage alentour, désertique malgré quelques oliveraies. Regardez plutôt vers la mer !

14km à l'ouest de Kissamos

Site archéologique

Le site de Falassarna, occupé dès le minoen, est très vaste mais encore imparfaitement fouillé. On peut y voir de gros blocs de pierre, dont le tracé évoque des quais et leurs tours de défense, et des restes épars de temples, de maisons et de thermes. Le "trône" de pierre qui borde le chemin d'accès a suscité d'âpres polémiques entre archéologues.

1,5km au nord du parking de Falassarna Beach Été : ven.-mer. Accès libre

IL ÉTAIT UNE FOIS

La puissante Falassarna entre dans son âge d'or au 4e s. avant notre ère. Reine des routes maritimes, elle se dote d'un port fortifié. La montée du niveau de la mer affecte son activité, la poussant à se tourner vers la piraterie. Pour y mettre un terme, les Romains détruisent partiellement la cité en 67 av. J.-C. et un séisme ravageur l'achève au 4e s.

À FAIRE

Allez à la plage
Falassarna
La grande et belle plage de Falassarna offre d'excellentes conditions de baignade... Pas d'ombre mais plein de parasols à louer !
14km à l'ouest de Kissamos

Randonnez
Strata Walking Tours
Au printemps et en septembre, de nombreuses randonnées dans les gorges et villages de la région sont organisées au départ de Kissamos. Parmi celles-ci : gorges d'Agia Irini, gorges de Deliana, Polyrrinia-gorges de Sirikari (7km), Kalyviani-Balos (14,5km), Kalyviani-Falassarna (8km), Sirikari-Polyrrinia (7km) et Samaria (16km). Chaque marche, toujours bien encadrée, est agrémentée de pauses gastronomiques dans des tavernes choisies.
Stelios Milonakis Kissamos 2822 02 42 49 www.stratatours.com Toute l'année

NOS ADRESSES

PAUSES

Bistrot avec vue
O Milos tou Tzerani
À l'emplacement d'un moulin, dont ne subsistent que deux grosses pierres à meule, un joli café où grignoter quelques *mezedes* après la visite de Moni Gonias. Sa terrasse offre une vue panoramique sur la baie et le monastère.
KOLYMBARI Sur le front de mer (ouest) 2824 02 22 10 Tlj. 10h-1h

RESTAURANTS

Cadre et assiette irréprochables
Akrogiali €€
Un décor charmant, face à la mer. Après quelques seiches, calamars ou sardines grillés, irréprochables, difficile de quitter les lieux... Cela tombe bien, il y a aussi des chambres ! Carte 15-20€.
KISSAMOS Au bord de l'eau 2822 03 14 10 Tlj. 13h-dernier client

Historique et familial
O Gero Tsegas €€
Un lieu familial depuis trois générations. Les petits-fils du fondateur, pêcheurs, approvisionnent quotidiennement la taverne. Et aux fourneaux on excelle dans la cuisson du poisson. Carte 15-20€.
KISSAMOS Psarolimano (port de pêche) 2822 02 21 95 Mars-déc. : tlj. 9h-dernier client

Le restaurant Akrogiali à Kissamos

Panoramique et goûteux

Taverna Akropoli €

Profitez de la terrasse ombragée, voisine de l'acropole antique, et de sa vue splendide sur la baie de Kissamos, pour boire un verre ou apprécier une cuisine simple et savoureuse : *boureki* aux légumes et *sfakiano giachni* (agneau à la casserole), mais aussi boulettes de viande à l'agneau et au porc, et poulet à la tomate. Prévoyez env. 12€/pers.

POLYRRINIA (7km au sud de Kissamos) 2822 02 33 40 Mai-oct. : tlj. 11h30-23h

Classiques crétois revisités

Gramvoussa €€

Une élégante grange en pierre et en terre, joliment rénovée. Dans un décor soigné d'épicerie à l'ancienne, on savoure des assiettes copieuses déclinant une cuisine inventive mais ne trahissant pas la saine tradition crétoise. Bonne adresse pour changer du poisson et goûter à l'agneau au miel, par exemple. Comptez 18€.

KALYVIANI Au nord du village (7km au nord-ouest de Kissamos), face à la baie 2822 02 27 07 www.gramboussa-restaurant.gr Mai-oct. : tlj. 11h-0h

Adresse coquette

Palio Archontiko ♥€€

D'excellents poissons et fruits de mer, mais aussi des plats du terroir, sont présentés avec soin dans une vaisselle élégante. Cuisine raffinée, service impeccable, cadre plaisant face à la mer, bon rapport qualité-prix, et le patron sera ravi de tester ses rudiments de français : qui dit mieux ? Comptez 15-20€.

KOLYMBARI Polichroni Polichronidi Sur la plage (15km à l'est de Kissamos) 2824 02 21 24 www.palioarhontiko.com Avr.-fin oct. : tlj. 12h-0h

Qualité et sourire assurés

Taverna Argentina €€

Deux terrasses de part et d'autre de la rue, dont l'une ouvre sur la mer. La fraîcheur des rougets et des calamars est assurée : le patron tient une poissonnerie. Cette cuisine typiquement locale et garantie maison se goûte à la carte de 15 à 20€ ou grâce à un menu gastronomique de la mer, mémorable, à 56€ pour deux.

KOLYMBARI (15km à l'est de Kissamos) 2824 02 22 43 Tlj. 12h-tard

PALEOCHORA

Toute en collines fleuries de genêts, la région de Paleochora offre de belles randonnées littorales (sentier E4). La nature domine et séduit dans ce bout de Crète paisible et immuable. La côte abonde en jolies plages et l'arrière-pays en oliveraies centenaires et en gorges secrètes. La station balnéaire de Paleochora, aux ambiances villageoises, est un lieu de séjour idéal pour qui supporte sans broncher canicule et sirocco.

ACCÈS ET INFOS

- KTEL Paleochora Des liaisons quotidiennes avec Chania (1h30 de trajet) et Omalos (gorges de Samaria).
  Au nord de la rue Venizelos Paleochora
  2821 09 30 52 (Chania) www.bus-service-crete.com
- Bureau du tourisme Paleochora Sur le port
  2823 04 15 07 Juil.-oct. : mer.-lun. 8h-14h

À VOIR

Hippies et pélicans

Paleochora

Le bourg n'est pas bien grand (1 800 habitants) mais draine beaucoup de monde en été tout en cultivant l'art de la nonchalance. Paisible en milieu d'après-midi, vivant et bondé en soirée, il accueille un tourisme populaire près du port et plutôt chic au nord de sa plage de sable. Certaines rues ont conservé une atmosphère seventies héritée du temps où les hippies passaient par là. Si les beatniks ont déserté, les pélicans, qui apprécient les lieux, sont restés.

COULEUR LOCALE

Grimpez tout en haut de la rue Venizelos pour une pause au *Cosmogonia Café* où prendre le pouls de la *hippie attitude* dont Paleochora fut l'un des spots. Constantinos vous reçoit en zone blanche (wifi prohibé dans son bar pour restaurer l'art de la convivialité) et sert de fabuleux petits déjeuners typiquement crétois ou... d'une audacieuse créativité.

À L'OUEST

Hymne à la tempérance

Voutas

On y accède par une jolie route en lacet. Sur la route de Sklavopoula, 2km à l'ouest de Voutas, se visite une petite église byzantine, Agia Paraskevi, dont les fresques dépeignent crûment les supplices réservés aux adeptes de la luxure.

13km au nord-ouest de Paleochora en longeant la plage de Pachia Ammos et en suivant les panneaux

Églises perchées

Sklavopoula

En venant de Voulas, à 200m de l'entrée du bourg, se dresse l'église Agios Georgios, décorée de fresques de la fin du 13e s., assez abîmées mais très

À NE PAS MANQUER

- Île et lagon d'Elafonissi
- Port antique de Lissos

Petit village et grandes discussions, Paleochora

émouvantes. Perché à 650m d'altitude, le vieux village de Sklavopoula renferme d'autres églises byzantines ornées de peintures murales, dont la Panagia (demandez votre chemin au *kafeneion* et la clé au pope, dont on vous indiquera la maison).

20km au nord-ouest de Paleochora

En équilibre

Monastère de Chrysoskalitissa

Chrysoskalitissas se traduit par "escalier en or". Comme le veut la légende, seuls les esprits purs peuvent voir l'or dont est composée la 98e et dernière marche de l'escalier qui conduit au monastère. Imposant, battu par les vents côtiers, il se dresse au-dessus des flots et des calanques, en équilibre sur un cap rocheux. De mémoire de Crétois, il a toujours reçu, en protecteur, les opprimés qui demandaient refuge. Aujourd'hui, on peut y apprécier des ouvrages d'artisanat local, essentiellement des tissages et des icônes.

16km à l'ouest de Sklavopoula et 35km au nord-ouest de Paleochora via Gialos et Maniatiana
2822 06 12 61 Tlj. 9h-19h30 2€

À L'EST

Musée folklorique

Azogires

Creusé dans la falaise par des ermites, en partie troglodytique, le monastère d'Azogires accueille aujourd'hui un Musée folklorique : objets et documents sur la vie traditionnelle (demandez la clé dans une des tavernes du village). De là, un joli sentier de randonnée mène à Anydri en 1h30.

7km à l'est de Paleochora

Nature et culture
Anydri
Desservi par une route charmante qui s'immisce au fond de gorges, ce petit village vaut le détour pour les fresques (14e s.) et la belle iconostase de l'église **Agios Georgios**, veillée par des cyprès centenaires. Le *kafeneion*, installé dans une ancienne école, invite à une pause originale avant de s'offrir un bain de soleil sur la plage d'Anydri.

5km à l'est de Paleochora

Havre de paix
Sougia
Farniente et contemplation seront au programme d'une halte vraiment zen. Parce qu'elle est d'accès difficile, cette bourgade de pêcheurs est épargnée par la foule. Il y a néanmoins ce qu'il faut de bonnes tavernes, d'hébergements et de possibilités de baignade, sur sable ou galets. Les plus courageux randonneront jusqu'au port antique de Lissos (2h30 AR, sentier E4) pour y admirer de jolis pavements de mosaïque en galets.

Église rustique aux fresques subtiles
Temenia
Du village, suivez les panneaux "Ancient Hyrtakina" pour découvrir, derrière un bosquet de chênes et de cyprès, la ravissante église de **Sotiras Christos**. Dédiée au Christ-Sauveur, sa partie la plus ancienne (13e s.) est coiffée d'un dôme et sa nef est ornée de fresques délicates des 16e et 17e s. Habituellement,

Le lagon de l'îlot d'Elafonissi

la porte est ouverte ; sinon, adressez-vous à la maison blanche voisine. Si vous aimez les balades apaisantes dans une nature sauvage, marchez jusqu'aux ruines de Hyrtakina, cité antique dont les maigres vestiges sont étouffés par une végétation de maquis. Peu à voir, mais la randonnée est formidable.

16km au nord-ouest de Sougia, sur la route de Paleochora

Mosaïque du temple d'Asclepios à Lissos

À FAIRE

Allez vous baigner
Elafonissi 👍

L'îlot d'Elafonissi est relié à la côte par un isthme immergé d'eaux peu profondes : on peut l'emprunter en se mouillant jusqu'à mi-cuisses. Avec sa baie, il forme un site de toute beauté, un lagon séduisant, frangé de sable blond, de dunes roses et de tamaris. L'eau, très chaude, est si délassante qu'on y barbote avec délice. Il faut évidemment s'attendre à une fréquentation massive en été.

5km au sud-ouest du monastère de Chrysoskalitissa et 45min de bateau depuis Paleochora

Randonnez
Port antique de Lissos 👍

Ce port antique fut particulièrement prospère du 4e s. avant notre ère grâce à son activité commerciale et à sa fontaine sacrée, but de pèlerinages. Les ruines du temple d'Asclepios arborent, au sol, de délicates mosaïques de galets à motifs géométriques ou animaliers. On croisera aussi les vestiges de deux basiliques paléochrétiennes, d'un aqueduc, de thermes et celles d'un modeste théâtre. Étendu dans la garrigue, ce site offre l'opportunité d'une belle randonnée à partir du port de Sougia. Le sentier balisé remonte les gorges du Kakos Potamos pendant une trentaine de minutes avant de s'élever en lacet escarpé jusqu'au petit plateau qui domine le site antique. La redescente vers le vallon abritant les ruines débouche sur une crique splendide.

Durée : 3h AR Départ : village de Sougia Difficulté : facile, mais étouffant en été

NOS ADRESSES

RESTAURANTS

Bonne cuisine familiale

Samaria €

Trois générations d'une même famille s'activent dans cette petite taverne aux deux terrasses ombragées de figuiers et aux spécialités crétoises : grillades, poulet mijoté aux oignons, *stifado* (ragoût) de chèvre ou d'agneau. *Souvlakia* à partir de 1,50€. Enfants bienvenus, qui disposent de jeux. Accueil simple et souriant. Comptez 10-12€.

PALEOCHORA Dans la rue du dispensaire (accès par la rue Venizelos) 2823 04 15 72
Avr.-oct. : tlj. 18h-dernier client

Les pieds dans l'eau

Oriental Bay €€

Des tables blanches, une lumière tamisée : tout est en place pour un moment romantique, avec mer et serments amoureux pour seuls horizons. Cuisine consciencieuse aux cuissons justes (d'excellents poissons, entre autres !). Tout est maison,

LA RECETTE

LE DAKOS (OU KOUKOUVAYA)

Pour 2 personnes

4 petites galettes de pain d'orge ou, à défaut, 4 biscottes de farine complète
4 tomates bien mûres
250g de *mizithra* (fromage frais) ou, à défaut, de feta
Huile d'olive
Gros sel et origan

Pelez les tomates, coupez-les en morceaux puis écrasez-les un peu. Versez une cuillère à soupe d'huile d'olive sur chaque galette (ou sur chaque biscotte préalablement légèrement humidifiée avec de l'eau). Étalez de la tomate écrasée, ajoutez le sel et l'origan, puis par-dessus, le fromage frais coupé en petits morceaux. Servez comme un *mezede*, pour accompagner un verre de *tsikoudia* ou tout autre apéritif. L'ajout d'olives, optionnel, ne figure pas dans la recette originale.

jusqu'aux jus de fruits. Bon rapport qualité-prix, comptez 15-20€/pers.

PALEOCHORA Au nord de la promenade qui longe la plage de galets 2823 04 13 22 Mi-mai-mi-oct. : tlj. 12h-23h

Typiquement crétois
Taverne Anchorage €

Hospitalité, cuisine savoureuse à base de produits frais et locaux, garnitures soignées et extérieur ombragé. Comment rêver mieux, d'autant que le lieu offre, à certaines dates, des concerts de musique crétoise. Env. 10-12€ le repas.

SOUGIA Dans la rue principale, qui descend vers la plage 2823 05 14 87 Fin mars-nov. : tlj. 10h-dernier client

Tout simplement bon
Taverna Polyfemos €

À la carte, ornée d'un dessin de cyclope, figurent de bons plats crétois, tel le *tsigariasto*, agneau ou cabri à l'étouffée, que l'on déguste sur une jolie terrasse, à l'ombre d'un amandier et d'un tamaris géant. Comptez 12-15€.

SOUGIA À l'entrée du village, juste derrière le poste de police 2823 05 13 43 Avr.-oct. : tlj. 13h-0h

Le meilleur de la tradition
Rebetiko €

Cuisine traditionnelle servie en de copieuses assiettes, dans une superbe cour verdoyante le plus souvent paisible. Grande variété de spécialités typiquement crétoises qui savent aussi surprendre. Adresse fiable à prix sages. Prévoyez autour de 12-15€ pour un repas.

SOUGIA Dans la rue qui descend vers la plage 2823 05 15 10 Avr.-oct. : tlj. 12h-dernier client

SORTIES

The place to be
Agios Music Café

LE bar de Paleochora. Sa terrasse, où prendre la température du village, est toujours bondée. Tout le monde s'y rencontre à un moment ou l'autre. Bonne programmation musicale (un DJ est régulièrement aux commandes...).

PALEOCHORA Venizelos 2823 04 12 58 Tlj. 7h-tard

Night and day
Cosmogonia Café Bar

Un café prisé à toute heure de la journée (belle carte de petits déjeuners)... et de la nuit.

PALEOCHORA Tout en haut de la rue Venizelos 6940 54 19 74 Tlj. 7h-16h et 18h-tard

Bar ou club, au choix
Skala

À l'extérieur, ambiance bar pour siroter en matant l'animation de la promenade qui longe la plage de Chalikia. À l'intérieur, ambiance club avec petit dance floor et concerts.

PALEOCHORA Sur le port, au niveau de l'embarcadère Mars-fin oct. : tlj. 7h-aube

Ouvert non-stop
Café Lotos

L'endroit idéal à tout moment : on peut y prendre son petit déjeuner, avaler une omelette en cas de fringale, boire l'apéritif ou y terminer la soirée autour d'un dernier cocktail.

SOUGIA Face à la plage 2823 05 11 91 Avr.-déc. : tlj. 6h-3h les mois d'été

LES GORGES DE SAMARIA ★

Une immersion dans les gorges de Samaria pourrait à elle seule justifier un voyage en Crète. Pourquoi ces gorges, alors que la Crète en compte tant ? Car les hautes cimes des Montagnes Blanches qui les abritent sont déjà stupéfiantes de beauté et que nulle part ailleurs on ne trouve un paysage équivalent aux Portes de fer : des falaises hautes de 300m se touchant presque à leur sommet.

ACCÈS ET INFOS

- Omalos est situé 36km au sud-ouest de Chania et environ 10km au nord-ouest de Xyloskalo, point de départ de la randonnée
- Supérettes à Agia Roumelie, épiceries à Xyloskalo
- Plusieurs aires de repos avec tables de pique-nique, sanitaires et téléphones le long du sentier
- KTEL Relie Omalos à Chania (tlj.) et à Paleochora (3 fois/sem.). Car Omalos-Xyloskalo tlj. 2821 09 30 52 www.bus-service-crete-ktel.com
- Anendyk Au terme de la randonnée, prenez le ferry pour Chora Sfakion (départ 17h30), d'où un car vous mènera à Chania (départ 18h30) ; ou embarquez sur un bateau pour Paleochora via Sougia (dernier départ 17h30, 1h30 de traversée). Vous pouvez aussi gagner Agia Roumeli de Paleochora (lun.-jeu. 8h30, ven.-dim. 7h30 et 8h30) et de Chora Sfakion (tlj. 10h30, 13h, 18h30). 2825 09 12 21 (Chora Sfakion) ou 2821 09 55 30 (Chania) www.anendyk.gr

À VOIR

Classées parc national depuis 1962, puis déclarées Réserve de la biosphère par l'Unesco, les gorges de Samaria forment certains des plus beaux paysages de Crète. Longues de 16km, elles figurent parmi les plus spectaculaires d'Europe. Creusé dans les roches du massif des Levka Ori (Montagnes blanches), ce défilé offre, en plus de ses propres attraits, des vues mémorables du plateau sommital d'Omalos, point de départ, et celles que l'on découvrira, au terme de la randonnée, du bateau de retour vers Paleochora ou Chora Sfakion.

Nature sauvage

Parc national de Samaria

Ce parc (4 900ha) protège un patrimoine naturel exceptionnel : près de 500 espèces de plantes, dont 97 sont endémiques, et une faune étonnante, allant du batracien à l'aigle royal, via la trop rare chèvre *Kri-Kri* ou le rat à épines. Des précipitations abondantes, des vents violents ou de fortes chaleurs susceptibles d'entraîner des chutes de pierres peuvent motiver la fermeture temporaire du parc. Consultez la météo avant de prendre la direction du site. Et prévoyez de bonnes chaussures de marche pour affronter le chemin rocailleux et accidenté des gorges, un chapeau, des lunettes et une protection solaires, de quoi vous restaurer et un peu d'eau (inutile de vous charger, le parcours est jalonné de points d'eau).

Xyloskalo 2821 06 71 79 www.samaria.gr 1er mai-31 oct. : tlj. 6h-16h (7h-15h aux intersaisons) Dernière entrée : 13h 5€ (ne perdez pas le billet, demandé à la sortie)

À NE PAS MANQUER

- Les Portes de fer

Le plateau d'Omalos, ultime étape avant les gorges de Samaria

Sur un plateau

Omalos

On accède au plateau d'Omalos (1 080m) par les routes de Paleochora ou de Chania, deux des plus belles de Crète. Passé Lakki, village perché dans un splendide isolement, la route en provenance de Chania délivre des vues somptueuses. De vieux oliviers, trapus, cèdent la place à des vignes en terrasses puis à une végétation de pins, de platanes, de chênes et de châtaigniers. Les arbres disparaissent ensuite au profit de buissons montagnards où paissent de rares moutons. Le plateau d'Omalos, jadis important foyer agricole, apparaît alors, au détour d'un col, cerné d'imposantes montagnes culminant à 2 500m. Le hameau d'Omalos constitue un lieu de séjour idéal pour accéder aux gorges de Samaria dès l'ouverture du parc national et ainsi éviter les foules estivales.

BON À SAVOIR

Dans les gorges de Samaria, partie intégrante du parc, vous devez respecter certaines règles : interdiction de se baigner, de prélever des plantes ou des fleurs, de faire du feu, de fumer en dehors des aires de repos, de consommer des boissons alcoolisées et de bivouaquer. Des gardes veillent, amende garantie.

Au bout du monde

Agia Roumeli

Les quatre rues du village d'Agia Roumeli, hameau installé au pied de falaises abruptes, face à la mer, sont bordées de tavernes et de pensions. La plage de galets est assez agréable, mais nulle raison de séjourner là sauf si l'on a manqué le dernier bateau au terme de la descente des gorges de Samaria, ou que l'on

Les Portes de fer

envisage de remonter ces dernières en suivant la "voie des paresseux" le lendemain. En effet, aucune route ne dessert Agia Roumeli. On ne peut y accéder qu'à pied, de Xyloskalo ou de Loutro (6 à 7h) ou en bateau, de Paleochora ou de Chora Sfakion et Loutro.

À FAIRE

Randonnez dans les gorges

De Xyloskalo à la sortie des gorges (6h30 avec les pauses)

De Xyloskalo (env. 6km au sud d'Omalos), la randonnée débute par une descente au dénivelé important (600m). On rencontre une première source d'eau fraîche et des toilettes après environ 45min de marche. Le chemin, moins raide, longe ensuite la rivière jusqu'à **Agios Nikolaos** (km4), chapelle cernée de grands cyprès, et croise le village abandonné de **Samaria**, site idéal pour un pique-nique (km7). La localité a été vidée de ses occupants à la création du parc naturel. Au km9, le paysage devient spectaculaire à l'**entrée des gorges**. Les parois se resserrent pour former un étroit passage : la première des trois **Portes de fer** (*sideroportes*), chacune plus impressionnante que la précédente. La balade s'apaise après la troisième Porte de fer. Apparaissent des lauriers-roses, des platanes et des pins. Ne reste plus qu'à traverser l'ancien village d'**Agia Roumeli**, déserté après les inondations de 1954.

Parcours 16km Dénivelé 1 250m Durée 6-7h

De la sortie du parc à Agia Roumeli (1h)

Deux options : poursuivre à pied ou prendre la navette jusqu'à la plage d'Agia Roumeli (2,7km), cette dernière partie étant sans grand intérêt.

La "petite voie" (2h30 AR)

Dite aussi "voie des paresseux", cette alternative vous fera suivre le sentier en sens inverse, d'Agia Roumeli aux *sideroportes*, soit environ 8km AR à parcourir en terrain presque plat. Cette option, moins impressionnante évidemment, conviendra à ceux dont la condition physique n'autorise pas à faire l'ensemble de la randonnée.

Mai-oct. : tlj. 6h-coucher du soleil

AU PAYS DES GORGES

Si Samaria est un incontournable, certains voyageurs peuvent être rebutés par un succès touristique qui ne se dément pas et draine vers le canyon des foules innombrables en été. On peut se replier vers des gorges voisines plus confidentielles mais non dénuées d'attraits, ou se faire éventuellement accompagner d'un guide naturaliste conseillé par le bureau EOS de Chania (association des clubs d'alpinisme et de randonnée), qui propose aussi l'activité canyoning. Testez les gorges d'Imbros, accessibles toute l'année (p.186), les gorges d'Aradena, que prolonge la baie de Marmara vers Loutro (p.186), ou celles d'Agia Irini, particulièrement verdoyantes (p.157), qui valent toutes les trois le détour.

Site EOS : www.eoshanion.gr

Sur le sentier d'accès aux gorges de Samaria

CHORA SFAKION

Des centaines de vacanciers arpentent chaque jour Chora Sfakion (ou Sfakia) pour une visite éclair, venant des gorges de Samaria et repartant vers la côte nord. Mais des voyageurs moins pressés apprécieront cette petite capitale régionale, enclavée entre mer et falaises, pour son arrière-pays, vraiment sauvage, et ses quelques plages.

ACCÈS ET INFOS

- KTEL Liaisons avec Imbros, Chania et Rethymnon via Vrysses 2821 09 30 52 http://bus-service-crete.com
- Anendyk Ferries L'été, Loutro accueille tlj. 5 bateaux directs en provenance de Chora Sfakion (20min) et 1 en provenance de Paleochora. Quand il s'arrête à Agia Roumeli et à Sougia, le navire ne reste que quelques minutes à quai. La compagnie relie également Chora Sfakion à Gavdos 2 fois/sem. (lun. et mer., env. 2h30 de traversée). 2825 09 12 21 www.anendyk.gr
- Delfini Boat Dessertes des plages des environs de Loutro à la demande. Départ pour Glyka Nera en principe à 11h, retour vers 17h. Horaires affichés sur le port. Loutro 6973 26 73 10

À VOIR

Un port rebelle
Chora Sfakion

Ses habitants – tout de noir vêtus, moustaches fournies, yeux bleus et cheveux clairs… – sont réputés pour leur rôle crucial dans le combat contre l'occupant turc, puis contre les Allemands lors de la Seconde Guerre mondiale. Si ce pittoresque petit port possède une longue tradition de rébellion, il accueille avec décontraction les invasions modernes, touristiques celles-ci. On profitera de belle église de la Transfiguration, de deux plages, d'un centre de plongée et de nombreuses propositions de randonnée.

Station balnéaire familiale
Frangokastello

La forteresse vénitienne (14e s.), chef-d'œuvre d'architecture militaire, donne une note incongrue à cette petite station balnéaire discrète, perdue dans une immense plaine désolée, qui offre l'agrément d'une très belle plage aux allures de lagon, celle d'Orthi Amos, dont les eaux chaudes et peu profondes font la joie des enfants.

15km à l'est de Chora Sfakion

IL ÉTAIT UNE FOIS

La forteresse vénitienne de Frangokastello fut le théâtre d'une **furieuse bataille** en mai 1828, quand les résistants sfakiotes l'enlevèrent aux Turcs, lesquels la récupérèrent au terme d'un carnage coûtant la vie à plus de 300 Crétois menés par un chef valeureux, Michalis Dalianis. Il paraît que depuis, chaque 17 mai, une procession de fantômes appelés *drossoulites* ("ombres de rosée") longe, à l'aube, les murailles du fort…

À NE PAS MANQUER

- Frangokastello
- Loutro

Le village de Loutro

Beau panorama

Anopoli

Vertigineuse, une route en lacet de 12km mène à ce village perché, connu pour avoir vu naître l'armateur et révolutionnaire Daskalogiannis, dont les hauts faits valurent au village d'être rasé par les Turcs après son exécution, en 1771. De la petite église Agia Ekaterini, la vue sur Loutro et la mer est magnifique.

12km à l'ouest de Chora Sfakion

Village fantôme sur gorges profondes

Aradena

D'Anopoli, il faut traverser un petit plateau pour atteindre le village abandonné d'Aradena. Un parking est aménagé au débouché du pont de fer qui domine de 140m le fond de **gorges impressionnantes**, offrant des vues à couper le souffle. Le bourg, dont certaines maisons sont en cours de réhabilitation, abrite une belle église byzantine bâtie au 14e s. sur les restes d'une basilique paléochrétienne. L'été, on y trouve également un petit *kafeneion*.

16km au nord-ouest de Chora Sfakion

Un éden abrité du vent

Loutro ★

Village de pêcheurs aux pensions coquettes, Loutro se résume à une quarantaine de maisons blanches et bleues blotties au creux d'une ravissante petite baie. Un paradis où se livrer sans complexe au farniente ou à la randonnée. L'arrivée du bateau est un événement dans ce village dont aucune route, aucune voiture ne vient troubler la sérénité. On vient ici par la mer ou à pied.

7km à l'ouest de Chora Sfakion Liaisons avec Chora Sfakion et Paleochora www.anendyk.gr

Perdue en mer

Île de Gavdos

De beaux paysages, âpres et sauvages. Une alternance de côtes abruptes, inaccessibles, et de plages hospitalières. Cet îlot de 37km² héberge aujourd'hui 25 habitants, quand il en comptait 8 000 à l'époque byzantine. Gavdos forme avec la petite île voisine **Gavdopoula** le territoire le plus méridional d'Europe. On peut camper à Gavdos ou trouver un hébergement au port de Karaves ou à Kastri, situé à 1h de marche du débarcadère. Selon la légende, c'est là que Calypso aurait séduit Ulysse, le retenant sept ans prisonnier dans sa grotte.

Liaisons maritimes avec Chora skafion, 2 fois/sem. les lun et mer, 2h30 de traversée

À FAIRE

Allez à la plage

Chora Sfakion dispose d'une petite plage de galets. Celle d'**Ilingas**, crique moins fréquentée dominée par une auberge, se tient 1km à l'ouest. Aujourd'hui reliée par bateau à Chora Sfakion et Loutro, **Glyka Nera**, la plage aux Eaux douces, est la plus belle de la région (à l'ouest de Chora Sfakion). Au débouché des gorges d'Aradena vous attendent les anses de **Phœnix**, de **Likki** et la belle **plage de Marmara** (taverne). **Loutro** possède un joli petit rivage de galets.

Randonnez

Gorges d'Imbros

La promenade dans ces gorges longues de 8km s'effectue en toute saison (sauf en cas de fortes pluies) et même par temps caniculaire, car un léger vent y souffle toujours. Le site est beaucoup moins fréquenté que les gorges de Samaria et plus facile à explorer. Près de la sortie, une bifurcation sur la droite rejoint le village de **Komitades** et ses quelques tavernes. On peut aussi suivre le cours d'eau jusqu'à la mer.

€ 2€ Dénivelé 650m Durée Env. 2h30 à un rythme tranquille Difficulté Aucune Retour de Komitades Le car pour Chania (à 16h30) dessert le parking aménagé à l'entrée des gorges, puis Chora Sfakion ; sinon, à pied jusqu'à Chora Sfakion (5km) Autres solutions : le stop ou le taxi (les taverniers de Komitades proposent tous ce service, comptez 20-25€ pour quatre pers.)

Gorges d'Aradena

Deux sentiers situés à 200m en amont du pont de fer d'Aradena mènent au fond du défilé. Le segment le plus spectaculaire, assez accidenté, s'explore en un peu plus d'une heure et en remontant, sur la rive gauche, jusqu'au hameau de Livaniana pour rebrousser chemin. Mais on peut aussi descendre jusqu'à la plage de Marmara (balisage rouge et vert). Le trajet est aussi faisable dans le sens inverse, de Marmara à Aradena. Pour écourter la grimpette, vous pouvez rejoindre Livaniana (1h de marche aller).

Parcours 3km d'Aradena à Livaniana ; 5,5km (3h aller) d'Aradena à la plage de Marmara ; Difficulté Moyenne : un sentier assez raide permet d'éviter les passages les plus vertigineux, équipés d'échelles métalliques Mise en garde chutes de pierres fréquentes ; provision d'eau, en-cas et chaussures antidérapantes indispensables

NOS ADRESSES

PAUSES

Du café au cocktail

Bistrot Café

Petit déjeuner le matin, petits gâteaux maison dans la journée et, le soir, on écoute de la bonne musique en sirotant des cocktails.

LOUTRO À côté du café Internet, près du débarcadère 2825 09 13 46 Avr.-oct. : tlj. 7h-tard

RESTAURANTS

Cuisine terre et mer

Delfini €

Cette terrasse amicale, sur le port, offre l'occasion rare de déguster de bons *souvlakia* d'espadon ou une excellente soupe de poissons, mais ce n'est pas tout : il faut tester le chevreau au yaourt, la tourte à la viande ou la salade Delfini aux herbes sauvages. Comptez 12€.

CHORA SFAKION Grand-Place 2825 09 10 02 Tlj. 9h-2h

Authentiquement bon

Taverne Livikon €

Dispose d'une vaste et confortable terrasse pour se régaler d'une saine cuisine traditionnelle : large choix de poissons frais et, parmi les spécialités locales, l'agneau à la sauce au yaourt et celles du chef ! Env. 15€.

CHORA SFAKION 2825 09 12 11 www.sfakia-livikon.com Avr.-oct. : tlj. 8h-0h

Familial et tradi

Taverna Babis et Popi €

Des tables en bois blond sous une treille abritée du vent, une agréable salle avec des étagères emplies de livres et des jeux de société. Où que l'on s'assoit, on profite d'une bonne cuisine traditionnelle. Comptez 12-15€.

FRANGOKASTELLO Rue principale, avant la forteresse, sur la droite (15km à l'est de Chora Sfakion) 2825 09 20 93 Fin mars-fin oct.

Les pieds dans l'eau

Notos ♥€

Peut-être la meilleure table de Loutro. Parmi les spécialités, essayez donc les oignons farcis au fromage, la crème de champignons et les épinards ou les aubergines *saganaki*. Les plats et *mezedes* sont bon marché, ce qui permet d'en prendre plusieurs, à la manière des Grecs. Env. 10-15€.

LOUTRO Mi-avr.-fin oct. : tlj. 7h30-0h

Salade grecque et tzatzíki

Com-
prendre

Plissement géologique, plage d'Agios Pavlos

GÉOGRAPHIE ET PAYSAGES

Partout en Crète s'érigent en ligne de mire de fiers sommets qui conservent quelques arpents de neige jusqu'en juillet et offrent de délicieuses opportunités de randonnées. Et, pour vous permettre de piquer une tête dans des eaux invariablement chaudes, un littoral échancré déploie, sur 1 000km, lagons, baies et criques tantôt sauvages, tantôt aménagés, mais toujours typiquement méditerranéens.

Une île de records

Sur les 200 îles habitées que compte l'archipel grec, la Crète se place en tête du palmarès pour l'altitude (2 456m au mont Psiloritis) et la superficie (8 335km^2 - 257km de longueur, de 12 à 60km de largeur). La Crète est par ailleurs l'île la plus vaste de Méditerranée après la Sicile, la Sardaigne, Chypre et la Corse. Sa position entre les 34e et 35e parallèles lui confère, à hauteur de l'Afrique du Nord, le statut de territoire le plus méridional d'Europe (avec Chypre), baigné à la fois par la mer Égée, au nord, et par la Méditerranée (appelée aussi mer de Libye dans ce secteur), au sud.

Une île montagneuse

Celle que les Grecs appellent la Grande île appartient à une immense chaîne de montagnes sous-marines qui s'étire du Péloponnèse à l'Anatolie. Sa position à la jonction des plaques tectoniques eurasienne et africaine lui a valu d'essuyer maints séismes et tsunamis au fil des âges. On distingue trois massifs en Crète : les Montagnes Blanches (Lefka Ori, 2 452m) à l'ouest, le mont Psiloritis, ou Ida (2 456m) au centre, et le mont Dikti (2 148m) à l'est. Ces reliefs spectaculaires alternent canyons et hauts plateaux accueillant cultures et villages pittoresques.

Grottes et canyons

Composés majoritairement d'un tendre calcaire marin, ces reliefs ont été truffés de cavités et profondément entaillés par l'érosion. On recense plus de **3 000 grottes** en Crète. Celles de l'Ida et du mont Dikti se disputent le privilège d'avoir vu naître Zeus. Certaines sont entrées dans l'Histoire, comme la caverne de Katholiko, près du monastère de Gouverneto, où un saint local aurait passé ses dernières années, et celle de Milatos, où les Ottomans massacrèrent en 1823 les villageois qui s'y étaient réfugiés. D'autres sont tout simplement superbes, telle la grotte de Zoniana, aux étonnantes concrétions calcaires ou celle d'Agia Paraskevi, célèbre pour ses sauterelles transparentes. Autre facétie de l'érosion en milieu karstique : **les gorges**. On en dénombre 200, dont une cinquantaine aménagées

Des chèvres *agrimi*, gorges de Samaria

pour la pratique du canyoning. Celles de Samaria dévalent les Montagnes Blanches en un goulet vertigineux de 18km qui débouche sur la mer. Les gorges de Rouvas, d'Hochlakies, d'Agia Irini, d'Aradena et de Kourtaliotiko ont aussi leurs charmes. Nul besoin d'être un sportif endurci pour pouvoir explorer ces défilés, parfumés de plantes aromatiques et peuplés de petits pins de Calabre, de genévriers et de cyprès.

Le littoral, une "diversité" enchanteresse

Les montagnes de Crète plongent vigoureusement dans la mer sous forme de falaises ou de chaos d'éboulis. Ce littoral de plus de 1 000km, accidenté, dentelé, dessine 155km de plages de galets ou de sable – doré, rose ou noir selon la géologie locale. Elles alternent avec un estran rocheux aux criques

300 JOURS DE SOLEIL PAR AN !

La côte nord jouit d'un climat méditerranéen très ensoleillé, chaud de mai à mi-octobre, avec une eau de mer à 27°C de fin juin à fin septembre. Au cœur de l'été, un providentiel vent de nord-est, le meltem, tempère les ardeurs du soleil. La côte sud, zone la plus ensoleillée d'Europe, présente un climat subdésertique. Elle ne reçoit pas une seule goutte d'eau de la fin du printemps à l'automne, le sirocco évacuant toute intrusion nuageuse. En mai-juin, dans toute l'île, vous profiterez de températures déjà élevées et d'une végétation en fleurs. Septembre offre des conditions météorologiques tout aussi idéales et un regain des floraisons.

secrètes. **La côte nord** s'est bétonnée. Entre Bali et Malia, elle accueille les plus lourdes infrastructures touristiques de l'île et les principales villes (dont Héraklion, le chef-lieu). Autour de la baie de Mirambelou, **le rivage oriental** aligne de somptueuses falaises blanches qui se teintent de rose au coucher du soleil. S'y trouvent aussi de formidables spots de baignade (Kato Zakros, Ambelos, Vaï et sa palmeraie...). **La côte ouest**, au-delà de Chania, est la plus authentique, réservée aux amateurs de "bouts du monde" et de plages solitaires (Falassarna, Amygdalokefali, lagons de Balos et d'Elafonisi). **Le Sud**, plus escarpé et moins bien doté en infrastructures routières et touristiques est une autre planète. Sec, subdésertique, venté, il recèle néanmoins quelques oasis de choix (village de Loutro, coincé entre la montagne et l'eau), de merveilleuses plages de sable frangées de palmiers (Preveli) ou d'antiques sites minoens (Kommos).

Le paradis des oiseaux

La Crète est appréciée des ornithologues, d'autant que sa faune aviaire a la réputation de ne pas être farouche. Au printemps et en automne, on observe le ballet des oiseaux migrateurs dont l'île est une escale privilégiée. Autre spectacle fascinant, visible en toute saison : le **vol des rapaces**. Ils sont nombreux à habiter montagnes et plateaux : faucon d'Éléonore, buse féroce, aigle royal, aigle de Bonelli, vautour fauve ou encore gypaète barbu – l'un des rapaces des plus rares et des plus grands d'Europe (3m d'envergure). Les monts Asterousia et le sommet du Kofinas constituent deux observatoires de choix.

L'olivier de Kavousi, âgé de 3 250 ans

La chèvre *agrimi*, emblème de l'île

La faune sauvage est dominée par les petits mammifères, dont certains sont endémiques. En vous armant de patience et de jumelles, vous pourrez observer le *fourogatos*, un chat sauvage, et l'*agrimi*, la fameuse chèvre crétoise, ou égagre. Descendante d'une variété domestiquée il y a 8 000 ans et redevenue sauvage, cette chèvre est appelée *kri-kri* (pour les mâles) ou *sanada* (pour les femelles). Elle arbore une belle paire de cornes recourbées, un pelage brun clair assorti d'un collier de poils noirs. Désormais classée "espèce vulnérable", l'*agrimi* est protégée. Les derniers 2 000 spécimens défient le vertige sur les falaises du parc naturel des gorges de Samaria, ou paissent sur trois îlots où la race a été réintroduite (Dia, Theodorou, Agii Pantes). Malheureusement, des braconniers les traquent sans pitié pour vendre à prix d'or leur trophée aux collectionneurs.

AMALTHÉE, NOURRICE DE ZEUS

Caché sur le mont Ida (Psiloritis) par sa mère Rhéa, le jeune Zeus est nourri par la nymphe Ida grâce au lait d'une chèvre du nom d'Amalthée. Quand elle meurt, le dieu suprême l'honore en la métamorphosant en une constellation céleste, celle du Capricorne. Avec sa dépouille, il confectionne un bouclier invincible, l'égide. Divinisé dans l'Antiquité, l'animal est représenté sur les parois de grottes du mont Psiloritis.

Gentils coquelicots

Au printemps, la flore crétoise explose : les champs se couvrent de coquelicots, les fleurs d'orangers et de citronniers distillent leur parfum et fleurit alors une orchidée rarissime, *Orchis prisca*. L'été, lorsque la *phrygana* (garrigue crétoise) se rétracte sous les brûlures du soleil, les lauriers-roses émaillent les paysages de leurs couleurs vives. L'île héberge près de 2 000 végétaux différents. Parmi les 160 spécimens endémiques figurent l'orme *zelkova*, l'érable crétois visible dans les Montagnes Blanches, et le dictame, plante cousine de l'origan, réputé depuis l'Antiquité pour ses propriétés antiseptiques et mille autres vertus. On le trouve sur les marchés sous forme de poudre ou d'huile essentielle.

L'olivier, roi de la flore crétoise

Trois mille ans av. J.-C., cet arbre poussait déjà en Crète, importé d'Asie Mineure ou d'Afrique par les Minoens. Omniprésent, il sera le plus fidèle compagnon de votre voyage. Deux variétés dominent, la *koroneiki* et, en altitude, la *mastoidis*, plus résistante au froid. L'île compte 45 millions d'oliviers. Les oliveraies, particulièrement spectaculaires dans la région de Peza, couvrent la moitié des surfaces cultivées. Nombre d'entre elles se visitent, offrant l'occasion de découvrir les secrets d'un arbre que l'on dit immortel. Les oliviers de Kavousi (au sud de Mochlos) et du village de Pano Vouves, situé dans l'aire du musée de l'Olive (au sud de Kolymbari), ont plus de... 3 000 ans.

HISTOIRE

Il y a 4 700 ans naissait en Crète la civilisation minoenne, du nom du légendaire roi Minos. Cette culture brillante inspira les mondes grec et romain, dans lesquels s'enracine l'histoire occidentale. Après sa disparition mystérieuse, au 2e millénaire avant notre ère, l'île, établie en un point stratégique de la Méditerranée, devint la proie d'envahisseurs successifs. Elle ne renoua avec la stabilité qu'à la toute fin du 19e s.

L'âge de pierre

Le peuplement de la Crète est attesté au néolithique (7e millénaire avant notre ère). Probablement originaires d'Asie Mineure, les premiers Crétois vivent de chasse, de pêche mais aussi de l'élevage et de l'agriculture. Ils fabriquent des outils simples en pierre et en os, façonnent de la céramique et vénèrent des idoles.

Le minoen ancien (2700-2000 av. J.-C.)

À la fin du 3e millénaire avant notre ère va se développer en Crète une civilisation originale qui doit son nom au légendaire roi Minos. Comme tout le Sud-Est méditerranéen, l'île connaît vers 2700 av. J.-C. une révolution technologique : l'introduction de robustes outils en bronze par une mystérieuse peuplade, vraisemblablement venue d'Anatolie. L'élevage (vaches, moutons, porcs et chèvres) et l'agriculture (céréales, fèves, pois chiches, olives, figues et vigne) bénéficient ainsi d'un essor spectaculaire. La richesse et la population s'accroissent, et les premières cités structurées apparaissent. Les plus grandes se dotent d'une flotte qui leur permet de commercer avec les îles voisines et les rivages de la mer Égée.

MINOS, ROI MYTHOLOGIQUE

Le roi Minos est le fondateur présumé de la civilisation crétoise. La mythologie grecque en fait le fils de Zeus et d'une princesse phénicienne, la belle Europe. Devenu adulte, ce demi-dieu aurait écarté ses frères pour monter sur le trône de Crète. Quand l'archéologue britannique Arthur Evans découvre les ruines de Knossos, en 1900, il se plaît à imaginer que ce palais hors normes a pu être la résidence de Minos.

La période protopalatiale (2000-1700 av. J.-C.)

Vers 1900 avant notre ère, sur au moins trois sites – Knossos, Phaistos et Malia – sont bâtis les premiers palais, sortes de cités dépourvues de fortifications. D'une conception élaborée (citernes, bains, tout-à-l'égout), ces complexes réunissent en effet habitations à étages, sanctuaires, ateliers et d'immenses entrepôts où sont stockés l'huile, le vin et les céréales de

Fresque du palais de Knossos

la communauté. Établis entre les plaines les plus fertiles de l'île, à faible distance de la mer, ces palais témoignent d'une concentration du pouvoir économique, politique et religieux qui leur permet de contrôler le reste de l'île. Apparaît une première forme d'écriture, de type hiéroglyphique. Cette avancée accélère le développement de l'économie, du droit et de la culture, qui s'exprime à travers le théâtre, la peinture et la tauromachie.

La période néopalatiale (1700-1450 av. J.-C.)

La civilisation minoenne vit son plein épanouissement quand, vers 1700 av. J.-C., un séisme jette bas les palais. De ce désastre, les Minoens font une opportunité. Notamment à Knossos et à Phaistos, ils construisent des ensembles plus vastes, plus beaux et plus raffinés que les premiers,

L'ÂGE D'OR

L'influence de la Crète dépasse rapidement le périmètre de l'île. Le commerce maritime s'étend avec les archipels de la mer Égée, la Grèce continentale, la Sicile, l'Égypte, la Syrie, l'Asie Mineure. Apparaît un nouveau système d'écriture, composé de 85 signes et idéogrammes. Appelé linéaire A, il favorise la circulation et le stockage de l'information et rend l'administration plus efficace. Le réseau routier se ramifie et les villes se multiplient. L'art s'épanouit : les fresques colorées des palais, la sculpture, la joaillerie et la céramique témoignent d'un grand raffinement. Parallèlement, la religion évolue : aux idoles du néolithique se substituent des déesses exaltant la beauté, la fécondité et les puissances de la nature.

forçant l'admiration d'autres peuples de Méditerranée. À cette même époque apparaissent des “fermes”, complexes artisanaux et agricoles, et de fastueuses résidences, les “villas” (à Agia Triada et à Archanes, par ex.), qui témoignent d'une importante hiérarchisation de la société et de l'émergence d'une aristocratie lettrée. L'absence de fortifications suggère que ces sites cohabitent en bonne intelligence. Les historiens supposent que les maîtres de Knossos imposent progressivement leur autorité aux autres souverains.

La chute des Minoens (1450-67 av. J.-C.)

En 1450 av. J.-C., nouvelle calamité. Tremblement de terre ? Éruption volcanique à Santorin ? Guerre ? Nul n'est en mesure de préciser sa nature, mais tous les palais, à l'exception de celui de Knossos, sont détruits. Et surtout, les Mycéniens (ancêtres des Grecs) déferlent sur l'île et en chassent les dynasties locales. Ils substituent le linéaire B au linéaire A et s'installent à Knossos. L'identité crétoise n'en est pas pour autant affectée. Il en ira différemment avec les Doriens, venus du nord-ouest de la Grèce, qui envahissent la Crète vers 1100 av. J.-C. Les premiers habitants, qui ont survécu en assimilant la culture mycénienne, sont écartés du pouvoir quand ils ne sont pas réduits au servage. Leur civilisation cède la place à la religion, à la langue et aux coutumes des Grecs. L'île entre en léthargie. Ses enfants les plus prometteurs s'expatrient, à l'instar de ces artistes dont on retrouve la trace dans toute la Méditerranée ou de ces hommes d'action qui s'enrôleront dans l'armée d'Alexandre le Grand, au 4e s. Désormais, la glorieuse île du roi Minos vivra son déclin, loin des grands mouvements de l'Histoire.

Rome, Byzance et les Maures (67 av. J.-C.–1204)

En 67 av. J.-C., Rome s'empare de la Crète sous le prétexte d'éradiquer la piraterie qui sévit en Méditerranée depuis certains ports crétois. L'île

Le fort vénitien d'Héraklion

devient une province romaine à part entière. Le gouverneur s'installe à Gortyne et orchestre des travaux de modernisation : voirie, irrigation, fortifications, etc. En l'an 59 de notre ère débarquent saint Paul et Tite qui entreprennent d'évangéliser l'île. En 330, le monde romain se scinde en deux ; la Crète est rattachée à l'Empire romain d'Orient en 395. Elle vivra sous la dépendance de Byzance et de sa culture imprégnée d'hellénisme chrétien. Les Vandales, en 457, puis les Slaves, en 597, tentent de s'implanter dans l'île, mais en vain. En 824, en revanche, les Maures y prennent pied. Ils saccagent Gortyne et lui préfèrent l'ancien port de Knossos, Héraklion, qu'ils fortifient sous le nom d'Al-Khandaq. Les Maures convertissent une partie de la population à l'islam et font de la Crète une base commode de leurs opérations de piraterie contre Byzance. En 961, le général (et futur empereur) byzantin Nicéphore Phocas reprend l'île dans un bain de sang. Pour rétablir le christianisme et restructurer la société crétoise, il fait venir des missionnaires ainsi que de grandes familles byzantines auxquelles il accorde de vastes domaines. La paix ramène la richesse. Le commerce se développe avec Constantinople (l'ancienne Byzance) mais aussi avec la Russie – après le schisme entre catholicisme romain et orthodoxie byzantine, en 1504.

Quatre siècles d'occupation vénitienne (1212-1669)

En 1204, lors de la 4e croisade, les catholiques saccagent Constantinople, provoquant le démantèlement de l'Empire byzantin. En 1212, la Crète est vendue à la Sérénissime et Al-Khandaq rebaptisé Candie. Les Vénitiens chassent la noblesse byzantine et le clergé orthodoxe et ils imposent lourdement la population. Il faudra plusieurs révoltes crétoises, parfois sanglantes, avant que cette domination s'assouplisse au 14e s. S'ouvre alors une longue période de paix propice au négoce et au renouveau des arts. Ce deuxième âge d'or, appelé Renaissance crétoise, conjugue prospérité économique, embellissement des villes, essor de l'éducation et floraison de la peinture et des lettres. Mais en 1453, sous la conduite du sultan Mehmet II, les armées ottomanes s'emparent de Constantinople, sonnant le glas de l'Empire byzantin et menaçant la mer Égée.

La Crète sous autorité ottomane

Deux siècles après avoir conquis Athènes, les Ottomans se rendent maîtres de Candie et de la majeure partie de l'île en 1669. Même s'ils tentent de désarmer l'hostilité populaire en rétablissant les libertés de l'Église orthodoxe, près de la moitié de la population insulaire choisit l'exil. L'armée d'occupation est nombreuse ; artisans, fonctionnaires et dignitaires de la Sublime Porte s'installent dans les villes. Les Crétois, souvent bannis de ces centres urbains, se retirent dans les campagnes. L'islamisation s'opère à grande vitesse. Ces conversions répondent généralement au souci de conserver ses biens et privilèges, de ne plus payer le *haraç* (double imposition pour les non-musulmans) et d'échapper au *dechvirme* (enlèvement d'enfants qui, réduits en esclavage, forment à partir du 14e s. un corps d'infanterie d'élite dans l'armée ottomane, les janissaires). Une paix relative vaut à la Crète de retrouver un certain équilibre économique au 18e s. Mais repliée sur elle-même, l'île ne connaît aucun épanouissement intellectuel ou artistique.

Sanglantes répressions

Bientôt les Russes, en conflit avec l'Empire ottoman, incitent leurs frères orthodoxes à la rébellion. En 1770, une insurrection éclate dans la région montagneuse de Sfakia. Son instigateur, l'armateur Daskalogiannis, sera écorché vif le 17 juin 1771. La guerre d'indépendance grecque débute en 1821 : les Crétois se soulèvent en juin, malgré la pénurie d'armes. La répression sera terrible, faisant plus de 800 morts à Héraklion. Pendant dix ans, les révoltes se succèdent, se terminant invariablement par un bain de sang. Quand la Grèce obtient son indépendance en 1832, la Crète demeure sous domination ottomane – craignant de la voir devenir une base militaire russe, les Britanniques s'opposent à son émancipation. Les troubles reprennent en 1864. Après maints épisodes douloureux, l'insurrection de 1898 est couronnée de succès : elle permet enfin la proclamation de l'autonomie de la Crète, après "243 ans, 7 mois et 7 jours d'agonie" (inscription gravée dans le fort de Fircas).

ELEFTHÉRIOS VENIZÉLOS (1864-1936)

Libéral anti-monarchiste, opposé au prince Georges et à ses amitiés pro-allemandes, le Crétois Elefthérios Venizélos demande le rattachement de l'île à la Grèce dès 1897. En 1905, il prend la tête d'une insurrection, puis d'un gouvernement crétois provisoire. En 1910, Venizélos triomphe aux élections nationales, fonde le parti libéral et devient Premier ministre. Pendant près d'un demi-siècle, il marquera la vie politique grecque de sa volonté de modernisation et d'affirmation de la nation hellénique.

Le rattachement à la Grèce

Placée sous l'autorité du prince Georges de Grèce, la Crète renaît. Nombre d'exilés rentrent, l'économie, le commerce et l'agriculture se développent. Mais l'insatisfaction continue à régner car les habitants désirent ardemment l'Enosis, c'est-à-dire le rattachement à la Grèce. Ce sera fait en 1913. L'épilogue de l'occupation ottomane a lieu 10 ans plus tard quand les gouvernements grec et turc opèrent un vaste échange de populations pour mettre fin aux tensions régionales. Quelque 32 000 Turcs quittent l'île, remplacés par 34 000 Grecs rapatriés d'Asie Mineure.

Résistance héroïque aux nazis

En mai 1941, 22 000 soldats allemands suréquipés, soutenus par des dizaines d'avions, prêts à lâcher des milliers de parachutistes, débarquent sur l'île. Assurés de remporter une victoire éclair sur une petite armée de

Au mémorial de la Seconde Guerre mondiale, à Preveli

conscrits grecs et de combattants alliés épuisés, ils se heurtent pourtant à la résistance massive de tout le peuple crétois qui se soulève. Les insulaires remportent quelques victoires, mais les nazis reçoivent des renforts. Abandonnés par les Alliés, les Crétois subiront de terribles représailles.

La Crète aujourd'hui

La Crète vit désormais au rythme de la politique grecque. Membre de l'Union européenne depuis 1981, la Grèce est une république parlementaire dotée d'une assemblée élue au suffrage universel et d'un gouvernement dirigé par le Premier ministre, le Président n'ayant qu'un rôle limité. L'une des 13 régions (périphéries) de la Grèce, la Crète est découpée en quatre districts : Chania, Rethymnon, Héraklion et Lassithi. L'essentiel des relations avec l'extérieur passe par Héraklion, le chef-lieu insulaire. La vie politique grecque a longtemps été dominée par deux partis : Nouvelle Démocratie (*Nea Dimokratia*), parti de la droite libérale fondé par Konstantinos Karamanlis, et le Parti socialiste (Pasok), parti de gauche créé par Andréas Papandréou et dont la Crète était, traditionnellement, un bastion. Depuis la crise économique et financière amorcée en 2008, d'autres partis ont émergé : la Coalition de la gauche radicale (Syriza), les Grecs indépendants (Anel, nationalistes de droite) et Aube dorée (XA, néonazi). Dans un climat de mécontentement suscité par une politique d'austérité imposée par l'Europe et le FMI, le parti Syriza remporte les élections législatives de 2015. La Crète, comme le reste du pays, a abandonné le Pasok, moribond, et est devenue une fidèle de Syriza.

COMPRENDRE

ÉCONOMIE

Les trois piliers de l'économie crétoise sont le tourisme, le maraîchage et la culture de l'olivier. Si la Crète a longtemps affiché un taux de chômage inférieur à celui du reste du pays, la crise grecque a changé la donne. Les scores s'égalisent désormais autour de 20% (en 2016). Toutefois, la solidarité familiale jouant encore à plein et les ruraux parvenant à assurer leur autonomie alimentaire, les Crétois demeurent, semble-t-il, relativement sereins face à l'adversité.

L'indispensable huile d'olive

De l'or liquide

Entre la Crète et sa fameuse huile d'olive, l'histoire d'amour dure depuis plus de trois millénaires. L'île élabore aujourd'hui plus de 1 million d'hectolitres/an de cet "or liquide" (près de la moitié de la production grecque). C'est, à 90%, une huile de qualité, extra-vierge ou vierge. On recense huit appellations d'origine contrôlée ; la plus connue est la Sitia, réputée pour sa douceur et son arôme fruité.

Un tourisme florissant

Les quelque trois millions de touristes qui se rendent en Crète chaque année représentent une manne providentielle (env. 16% du PIB) et placent l'île sur le podium des destinations grecques. Allemands, Néerlandais, Britanniques et Français, par ordre décroissant, constituent l'essentiel de ces visiteurs, globalement peu respectueux d'écologie, à en juger par l'état des plages publiques en été. Environ 90% des séjours s'effectuent dans le cadre de "formules tout compris". Les trois quarts des vacanciers se cantonnent sur la côte nord, laissant libre cours à un tourisme plus curieux et flâneur dans le reste de l'île.

UNE ÎLE-JARDIN

Grands consommateurs de fruits et de légumes, les Crétois ont transformé leur île en jardin. L'agriculture se concentre dans les plaines alluviales et sur les plateaux : raisins secs près d'Héraklion, légumes dans les plaines de Malia et de la Messara, tomates d'hiver à Ierapetra (côte sud), agrumes autour de Chania, vigne à Kissamos et dans la Messara. L'introduction de la culture sous serres, dans les années 1960, a considérablement dynamisé un secteur très morcelé (la moitié des exploitations couvrent moins de 2ha).

POPULATION ET SOCIÉTÉ

La Crète compte aujourd'hui 630 000 habitants, soit 5,5% de la population grecque. Les trois quarts des insulaires résident dans la moitié nord de l'île. Près de 98% d'entre eux sont de confession chrétienne orthodoxe.

Une population inégalement répartie

Le littoral nord, seul à posséder une infrastructure routière digne de ce nom, concentre 75% de la population et réunit les quatre grands centres urbains. Plus d'un Crétois sur quatre – 225 000 personnes – vit à Héraklion, le chef-lieu, ou dans sa banlieue. Les autres villes riveraines de la mer Égée sont, d'est en ouest, Agios Nikolaos (26 000 habitants), Rethymnon (40 000 habitants) et Chania (54 000 habitants). La localité la plus importante de la côte sud, Ierapetra, compte près de 24 000 habitants. La Crète reste encore majoritairement rurale, mais de peu : 58% des Crétois vivent à la campagne. Au-dessus de 700m d'altitude – limite supérieure des oliveraies –, les montagnes sont dépeuplées.

L'apport migratoire

Depuis le transfert de populations de 1923, les Crétois sont dans leur immense majorité de confession orthodoxe. Ces dernières années, l'île a accueilli des immigrés albanais, russes et bulgares. Ces nouveaux venus (env. 10% des habitants) fournissent une main-d'œuvre devenue indispensable dans l'agriculture depuis que les Crétois rechignent aux tâches manuelles, mais aussi dans le bâtiment et en milieu hospitalier. Leur intégration, qui jusqu'alors se passait sans heurts, est plus conflictuelle depuis la crise grecque.

LE CRÉTOIS : LANGUE OU DIALECTE ?

Les Crétois parlent un dialecte proche du grec standard qui, en 2005, a été érigé par l'Union européenne en "langue vivante à part entière". Il se distingue du grec par la prononciation, le vocabulaire et certaines expressions. Des linguistes affirment qu'un villageois d'aujourd'hui pourrait sans difficulté communiquer avec un de ses ancêtres de Knossos.

La langue grecque

À la veille de l'indépendance se posa la question de l'idiome du futur État hellénique. Même si le grec avait survécu à de longs siècles de domination étrangère, un fossé s'était creusé entre le parler classique et la langue du peuple, enrichie d'éléments latins, slaves et turcs. Pour que le grec populaire, ou **démotique** (de *démos*, le "peuple"), devienne la langue officielle, il aurait fallu admettre deux choses. Que la nation grecque n'avait plus grand-chose à voir avec la Grèce antique, son génie et sa grandeur, et que l'on ne pouvait plus nier tout lien de parenté linguistique avec les Turcs, aussi détestés fussent-ils. La controverse entre pro et anti-démotique secoua violemment le pays. Au lendemain de l'indépendance, on adopta la *katharevoussa* ("langue épurée"), dérivé du démotique dans lequel des mots du grec ancien venaient remplacer les "impuretés" étrangères. Trop artificiel, cet idiome ne fut jamais utilisé par la rue mais il fallut de nombreux débats pour que, rebaptisé **néo-hellénique**, le démotique devînt enfin la langue officielle de l'État grec en 1975.

Une religion bien vivante

Des centaines d'églises, toujours amoureusement entretenues, et de pittoresques monastères en témoignent : la religion orthodoxe occupe une place importante en Crète, où 98% de la population s'en revendique. L'archevêché d'Héraklion est placé directement sous l'obédience du patriarcat de Constantinople et fonctionne de manière autonome par rapport au reste de la Grèce. La longue occupation ottomane a favorisé la vitalité du rite orthodoxe, qui servit longtemps de refuge spirituel et identitaire face à l'islam. Ce dynamisme se traduit par l'omniprésence des popes, dont la silhouette caractéristique (soutane noire, barbe abondante, cheveux tressés en chignon) hante les ruelles, les marchés et les cafés grecs.

L'APÔTRE PAUL EN CRÈTE

Au cours du périple qui le mènera jusqu'à Rome, l'apôtre Paul séjourne pendant deux ans en Crète à évangéliser ses habitants. Il aurait vécu dans une grotte de Kali Limenes, aujourd'hui ouverte à la visite. Cet épisode est à l'origine d'une tradition ascétique encore vivace. Avant de reprendre la mer, Paul fait de son disciple Tite le premier évêque de Crète.

La religion orthodoxe tient une place importante en Crète

BEAUX-ARTS

Sur les façades anciennes des grandes villes crétoises se mêlent influences byzantine (coupoles), vénitienne (porches voûtés) et ottomane (*sakhnissias*, balcons en saillie du 1er étage). Dans l'arrière-pays se découvrent moulins à eau et à vent, aqueducs, chapelles et monastères. La maison rurale traditionnelle est un bijou de simplicité : un cube en pierre, bois et terre, paré de couleurs (ocre, bleu ou rose). Si la peinture crétoise a fleuri dès la période minoenne, sa dernière expression remarquable remonte au 16e s... La littérature prend alors le relais.

Les palais minoens

Les palais minoens apparus vers 2000 av. J.-C. surprennent d'abord par leur taille : plus de 2ha pour celui de Knossos, près de 1ha à Phaistos et à Malia. Le complexe, fermé par des chicanes, se déploie autour d'une longue cour présentant des fosses de sacrifice et des tables d'offrandes. D'où l'hypothèse d'une autorité politique étroitement liée au pouvoir religieux (roi-dieu ou roi-prêtre). On s'étonne par ailleurs du confort et du souci de l'hygiène : des canalisations acheminaient l'eau sur des kilomètres pour alimenter cuisines et salles de bains, d'autres en assuraient l'évacuation. Les murs, en moellons couverts d'un stuc très fin, étaient ornés de peintures et de bas-reliefs dédiés à la nature. L'importance accordée au bien-être domestique se manifeste par divers aménagements : portes coulissantes modulant les volumes, puits de lumière donnant l'éclairage,

Une statue minoenne

FRESQUES MINOENNES

Le luxe extraordinaire du décor des villas et des palais minoens s'exprimait notamment dans de grandes fresques réalisées à la détrempe sur un stuc encore humide. La riche palette de couleurs, la vivacité du trait et le réalisme des scènes font toute leur originalité. Si elles ont pu s'inspirer de l'art égyptien, elles sont bien moins figées et leurs thèmes bien plus variés, convoquant animaux, végétaux et humains dans des tableaux marins, d'offrandes ou de jeux acrobatiques....

FRESQUES BYZANTINES
Un bon tiers des églises crétoises recèlent des fresques, chefs-d'œuvre pour certaines – telles celles de la Panagia Kera, près d'Agios Nikolaos. Réalisées entre le 11e et le 17e s., elles couvraient littéralement murs et voûtes, relatant des épisodes bibliques à l'usage des paysans illettrés et illustrant les 12 grandes fêtes de la liturgie orthodoxe. La figure emblématique de cette iconographie est le Christ Pantocrator ("tout puissant"), représenté en majesté sur toutes les coupoles byzantines. À son côté, dans l'abside, la Vierge Theotokos ("Mère de Dieu") est invariablement présente.

escaliers imposants favorisant la fluidité de la circulation dans d'immenses entrelacs de pièces et de couloirs. Enfin, l'existence d'un théâtre à Knossos et à Phaistos témoigne de la place qu'occupaient les arts et les spectacles dans ce monde disparu, évoquant à plus d'un archéologue un "paradis perdu".

Incomparable statuaire minoenne

Les artistes minoens s'expriment avec une délicatesse rare dans l'art de la miniature, privilégiant la statuette à la sculpture monumentale pour représenter, avec un réalisme saisissant, des idoles féminines ou des animaux. On a exhumé à Knossos un crabe si ressemblant qu'on le prit d'abord pour un fossile. Si les sculpteurs minoens excellaient dans l'art animalier, nous sont aussi parvenus de magnifiques déesses aux serpents et de remarquables vases façonnés (rhytons).

Les églises byzantines

Il y a tant d'églises et de chapelles en Crète qu'il serait vain de prétendre les compter. Elles témoignent de la ferveur historique du peuple crétois, si souvent victime d'oppression. On distingue trois types de sanctuaires. Le premier réunit les églises, dites de plan basilical, de la **première période byzantine**. Érigées avant l'invasion arabe de 824, elles sont construites sur un plan rectangulaire hérité des temples gréco-romains et pavées de mosaïques. Elles comptent généralement trois nefs, prolongées par une abside hémisphérique, et elles sont coiffées d'un dôme. Le deuxième groupe – le plus important – remonte à la **seconde période byzantine** (961-1212). En forme de croix grecque (inscrite dans un carré), elles sont recouvertes d'une coupole centrale reposant sur quatre ou huit piliers. La nef est séparée du chœur où officie le prêtre par une iconostase, cloison ornée d'icônes et de dorures. Le troisième groupe comprend les sanctuaires bâtis sous la **domination vénitienne** (1212-1669). Le plan cruciforme est conservé, mais la façade se voit adjoindre un porche et un clocheton, ou campanile. Et, à partir du 16e s. s'ajoutent maints éléments décoratifs caractéristiques de la **Renaissance crétoise** – syncrétisme de la Renaissance italienne et du style byzantin traditionnel.

Une icône de Vierge à l'Enfant, monastère d'Arkadi

L'ÉCOLE CRÉTOISE

Les icônes de l'école crétoise ont la réputation d'être les plus belles. Entre 1550 et 1650, alors que la Crète est sous domination vénitienne, plus de 200 peintres exercent leur art à Héraklion. Ils ont le génie de fusionner les motifs et caractéristiques byzantins (vigueur expressive) et les révolutions picturales – perspective, anatomie, etc. – opérées par les maîtres de la Renaissance italienne.

L'icône selon Damaskinos

Né à Constantinople, l'art de l'icône respecte des règles précises et immuables. Pourtant, un artiste crétois, Michaïl Damaskinos (1530-1591), a osé transgresser ce code. Aux figures traditionnellement frontales et hiératiques, il insuffle perspective, légèreté, mouvement et réalisme, autant d'innovations apprises lors d'un séjour à Venise. On croisera ses œuvres au musée d'Art sacré d'Héraklion.

Le Greco

Celui que l'on a décrit comme un digne représentant de "l'âme espagnole", est né en Crète en 1541 sous le nom de Domenikos Theotokopoulos. Il s'initie à la peinture dans son île auprès de Damaskinos. En quête de gloire, il embarque pour Venise où il travaille dans l'atelier de Titien. Puis il se rend à Rome où il propose au pape Pie V de repeindre *Le Jugement dernier* (Michel-Ange) de la chapelle Sixtine, fresque considérée comme indécente. Devant le refus du Saint-Père, l'artiste file en Espagne, où il connaîtra le succès sous le pseudonyme du Greco, et où il mourra en 1614. On peut voir deux de ses œuvres au Musée historique de Crète, à Héraklion.

Les maîtres de la littérature crétoise

Les premiers ouvrages littéraires remarquables paraissent en Crète au 16e s., au moment où la Renaissance italienne étend son influence sur l'île. C'est au début du 17e s. que **Vicenzos Kornaros** publie son *Erotocritos*, un long poème épique que les artistes crétois mettent encore en musique. **Nikos Kazantzakis** (1883-1957) est l'une des figures marquantes de la littérature grecque du 20e s. Né à Héraklion, il étudie le droit à Athènes avant de devenir, à Paris, un fervent disciple du philosophe Bergson. À propos de son île natale, il écrira : "Il y a en Crète comme une flamme (appelons-la une âme), quelque chose de plus élevé que l'esprit et que la mort." Ses chefs-d'œuvre sont *Lettre au Greco* et *La Liberté ou la Mort*, le plus lyrique de ses romans. L'œuvre de **Pandelis Prevelakis** (1909-1986) est dominée par sa trilogie *Le Crétois, Chronique d'une cité* et *Les Chemins de la création*, qui exalte l'Histoire crétoise. Celle d'**Odysseas Elytis** (1911-1996), prix Nobel de littérature en 1979, est consacrée à la poésie. Après avoir fréquenté les cercles surréalistes en 1935, il publie des recueils inspirés par son île natale, comme *Six plus un remords pour le ciel* (1960) et *Marie des Brumes* (1978), ou encore *Axion Esti* (1951), son chef-d'œuvre.

DE LA PAGE À L'ÉCRAN

Plusieurs romans de Nikos Kazantzakis ont acquis une notoriété internationale grâce au cinéma, tels *Le Christ recrucifié* adapté par Jules Dassin en 1956 sous le titre de *Celui qui doit mourir*, *Zorba le Grec*, réalisé par Michalis Kakoyannis en 1964, ainsi que *La Dernière Tentation du Christ*, filmé par Martin Scorsese en 1988.

TRADITIONS POPULAIRES

La musique et les danses traditionnelles se sont perpétuées dans l'arrière-pays... tout comme certaines pratiques artisanales, le tissage étant la plus dynamique.

Tissages et broderies

Le tissage s'inscrit en Crète dans une tradition qui remonte au moins à l'époque minoenne. Remis à l'honneur par Chrysi Angelidaki (1884-1982), le point rethymniote prête son élégante géométrie à maintes pièces décoratives : tapis, jetés de lit et panneaux muraux. Comme celles de Rethymnon, les tisseuses d'Anogia et de Kritsa sont renommées. Broderie, dentelle et crochet ne sont pas en reste : les tabliers, coussins et mouchoirs crétois s'exportent dans toute la Grèce.

Le tissage, artisanat ancestral

Les fêtes patronales

Trop souvent ignorées des touristes, ces fêtes (fervents hommages au saint local) sont pourtant l'expression joyeuse d'une tradition qui ne faiblit pas en milieu rural. Les Crétois seront honorés de vous voir participer aux agapes qui suivent une messe de trois heures (rassurez-vous, on entre dans l'église et on en sort quand on veut). Les hommes dansent jusqu'au bout de la nuit, et les repas sont l'occasion de goûter à une authentique gastronomie campagnarde.

Musique et danses traditionnelles

L'instrument de musique crétois par excellence est la *lyra*, sorte de violon en forme de poire dont on frotte les trois cordes avec un archet. Elle est souvent secondée par le *laouto* (luth). Les danses les plus populaires sont le *pendozali*, acrobatique et spectaculaire, et le *syrtos*, une ronde très ancienne. Si les Crétois dansent volontiers quand ils sont heureux, ils chantent aussi pour exprimer leur mélancolie. Le *rizitiko* est une complainte célébrant la résistance à l'oppresseur. Plus romantiques, les *mantinades* sont des couplets versifiés de 15 syllabes souvent sensuels, voire érotiques. C'est à Nikos Xylouris, surnommé la "Voix d'or", que la musique traditionnelle crétoise doit son renouveau dans les années 1960. Mort prématurément en 1980, à 44 ans, l'"Archange de la Crète" est devenu une icône.

GASTRONOMIE

La cuisine crétoise est simple, mais savoureuse. Ses vertus gustatives tiennent moins à des techniques de préparation complexes qu'à la qualité des ingrédients utilisés : les légumes, bien sûr, dont les Crétois sont friands, mais aussi toutes sortes d'herbes de montagne, consommées fraîches ou revenues dans de l'huile d'olive et du citron.

À l'heure de l'apéritif

Les entrées

Parmi les incontournables figurent la salade grecque, ou *choriatiki* (tomates, poivrons verts, concombres, olives, feta et oignons) et le *tzatziki* (yaourt, concombre, ail et menthe). Testez l'excellente *melitzanosalata* (purée d'aubergines au goût fumé) et les *spanakopitas* (chaussons aux épinards). Le *dakos*, ou *koukouvaya* ("chouette"), est une galette de pain d'orge séchée, légèrement mouillée, puis garnie de tomates concassées, de petits cubes de feta, d'une pincée d'origan et d'un filet d'huile d'olive.

Les plats de résistance

La viande d'agneau, longuement dorée au four ou servie en ragoût (*youvetsi*), et celle de chèvre ou de chevreau, cuite à la braise, sont à l'honneur en Crète. Le *pastitsio*, un gratin de gros macaronis, de viande hachée et de béchamel rassasie les bons appétits, tout comme les *melitzanes papoutsakia*, aubergines farcies

POUR VIVRE VIEUX ET HEUREUX

Le "régime crétois" fut étudié dès les années 1950 quand les scientifiques s'aperçurent que l'espérance de vie des insulaires était l'une des plus élevées du monde. Ce régime, aujourd'hui partiellement délaissé dans l'île au profit de plats industriels, repose sur une alimentation particulièrement riche en fruits et légumes frais de saison, en herbes et légumes sauvages et sur l'usage généreux, à chaque repas, d'une huile d'olive extra-vierge (sans acides gras saturés). Sans oublier un ou deux verres de vin par jour.

de viande et gratinées. Les *kolokythakia tiganita* sont des courgettes tranchées et frites mais on en consomme aussi les fleurs, farcies au riz et aux herbes (*anthois*). Goûtez également les *tyropites*, chaussons au fromage. Vous pourrez aussi commander des classiques grecs : *moussaka*, *souvlakia* (brochettes de porc ou de bœuf) et *gyros pita* (viande cuite à la broche, découpée en lamelles, servie dans une galette avec de l'oignon, de la salade et une sauce au yaourt).

Poissons et fruits de mer

La pêche apporte les *xyfias* (petits espadons), les *barbounia* (rougets) à consommer de préférence frits, le *lavraki* (bar), les *lithrinia* (pageots) et les *tsipoures* (daurades) excellentes en grillades. La *bakaliaros* (morue), jadis plat du pauvre, est encore très répandue. Parmi les autres produits de la mer, citons les *kalamaria*, calamars ; le *chtapodi skaras*, poulpe grillé et le *chtapodi vrasto*, poulpe à la casserole.

L'ESCARGOT, METS CRÉTOIS PAR EXCELLENCE

Les Crétois consomment des escargots (*chokchloi* ou *boubouristα*) depuis l'époque minoenne. Des chercheurs ont démontré que la chair de ces gastéropodes a des vertus pour le cœur et les artères. Ils sont le plus souvent frits à la poêle avec de l'huile d'olive, du vinaigre et du romarin ou mitonnés à la casserole avec du blé dur, des oignons et des tomates.

Les desserts

Les desserts crétois sont rustiques : le *kadaïfi*, pâtisserie aux noix et au miel, le *galaktoboureko*, gâteau au lait de brebis, ou tout simplement du fromage blanc nappé de miel. On goûtera au typique *glyko tou koutaliou*, sorte de confit aux fruits (raisin, coing, bergamote...). On déguste traditionnellement ces sucreries l'après-midi dans une échoppe, avec un café.

Les boissons

Le vignoble crétois détient quatre AOC (Sitia, Dafnes, Peza, Archanes) qui donnent des blancs (60% de la production), des rouges (33%), et des rosés (7%). Certains vins crétois sans appellation n'en sont pas moins savoureux, comme celui du monastère d'Agia Triada, près de Chania. La **tsikoudia** ou **raki** (eau-de-vie de marc de raisin, très différente de la boisson turque anisée qui porte le même nom) se boit en toute occasion. En hiver, il est proposé chaud avec du miel et des clous de girofle. L'**ouzo**, boisson apéritive anisée, d'origine grecque, se trouve partout. Le café (**kafe**) est une institution. Sa version la plus connue est le "café grec" (*ellinikos kafes*), bouilli et servi avec le marc. Dans les villages, on vous proposera parfois un **tsaï**, une infusion de plantes aromatiques (sauge, camomille, dictame, etc.) adoucie de miel. Le **tsaï tou vounou**, "thé de la montagne" est une tisane à la crapaudine (une plante de la garrigue).

Carnet pratique

Dans le massif du Psiloritis

INFOS UTILES

Bienvenue en Crète, île facile à vivre, où l'hospitalité reste encore une valeur absolue. Peu de pièges ou de difficultés si ce n'est la vétusté des infrastructures routières dès qu'on s'écarte des sentiers battus. On peut s'abandonner sans arrière-pensées au plaisir du voyage.

AVANT DE PARTIR

QUAND PARTIR ?

Si la période touristique débute à Pâques et se termine fin octobre, chaque saison a son charme. Le printemps est le moment propice pour randonner : les rayons du soleil ne sont pas encore trop ardents et la végétation est en fleurs. Juillet et août, les mois les plus chauds, ne sont jamais vraiment étouffants sur le littoral grâce aux bises qui rafraîchissent l'atmosphère. Septembre et octobre sont la période idéale : le climat est d'une grande douceur, les lieux touristiques se vident et la mer est encore chaude. Mais les paysages sont complétement désséchés après l'été sec et caniculaire.

RENSEIGNEMENTS

EN FRANCE

Office national hellénique de tourisme
3, av. de l'Opéra Paris ☎ 01 42 60 65 75
www.visitgreece.gr

EN CRÈTE

Il existe des offices de tourisme municipaux et d'autres dépendants de l'Office national hellénique de tourisme (ONHT), mais beaucoup sont fermés ou ouvrent de manière sporadique, il vaut donc mieux s'adresser à la police touristique (qui se confond souvent avec le poste de police) qui pourra vous fournir une liste d'hébergements et vous aider

CLIMAT ET SAISONS

Saison touristique	de Pâques à fin oct. (haute saison)	
Températures (Héraklion)	**Janvier**	**Juillet**
Températures de l'air		
Maximales	16°C	29°C
Minimales	9°C	22°C
Ensoleillement	3h/j.	13h/j.
Précipitations	91mm	0mm
Température de la mer	15°C	25°C

BON À SAVOIR

Sachez que les restaurateurs facturent le pain et le couvert à prix symbolique (entre 0,50€ et 1€ par pers.), mais qu'ils offrent fréquemment un dessert et un raki. Dans les tavernes, vous serez souvent invité à jeter un coup d'œil aux fourneaux pour faire votre choix, c'est un rituel. Le service est inclus, mais l'usage dicte qu'on laisse un pourboire (env. 10%).

en cas de litige avec un hôtelier, un restaurateur ou un commerçant.

Police touristique
Service ouvert 7 j./7, 24h/24, personnel anglophone.
☎ 171

EOT-ONHT Athènes centre
Dionysiou Aeropagitou 18-20 ☎ 210 33 10 392 ou 210 33 10 716 ou 210 33 10 529 www.visitgreece.gr ⌚ Lun.-ven. 9h-20h, sam.-dim. 9h-16h

SUR INTERNET

www.visitgreece.gr
L'Office national hellénique de tourisme.

www.mfa.gr/france
L'ambassade grecque à Paris.

www.cretanbeaches.com
Un beau site en anglais, qui passe en revue les plages de toute la Crète et les activités de plein air, et qui donne quelques informations sur les villes et les monuments.

www.crete.tournet.gr
Informations sur l'hébergement, la plongée...

www.cretetravel.com
Ce bon site en anglais donne des renseignements précieux sur les marches et les randonnées le long du sentier européen E4 (rubrique "Alternative/Active Crete").

www.explorecrete.com
Informations pratiques, photos, forum de discussion.

BUDGET

La Crète reste une destination bon marché. Pour s'offrir une chambre avec salle de bains privée, des repas en tavernes bon marché (néanmoins excellentes) et quelques visites, comptez entre 40 à 50€/j. et par pers. Avec 100€/j, vous dormirez dans de bons hôtels, profiterez de restaurants de standing, et pourrez louer une voiture. Toutefois, le budget reste dépendant de la saison (tarifs à la hausse entre le 15 juillet et le 15 août, comme partout).

GAMME DE PRIX

Restauration	Hébergement
€ <15€	€<40€
€€ 15-30€	€€ 40-80€
€€€ >30€	€€€ >80€

HÉBERGEMENT, RESTAURATION

Les prix donnés correspondent à une chambre double (fourchette entre basse et haute saison) et à un repas pour une personne comprenant plusieurs *mezedes* ou un plat et une salade, boisson non comprise.

FORMALITÉS

Les citoyens de l'Union européenne n'ont besoin que de leur carte d'identité ; en revanche le passeport est obligatoire pour les Suisses et les Canadiens. Français et Belges emporteront leur **carte européenne d'assurance maladie** (à demander, en France, au moins 15 jours avant le départ à sa caisse de sécurité sociale ou sur ameli.fr), qui évite d'avancer d'éventuels frais médicaux. Prenez aussi votre **permis de conduire** si vous comptez louer une voiture ou un deux-roues motorisé. Pensez aussi à contracter une **assurance-voyage** pour obtenir assistance et remboursement en cas d'imprévu (annulation du voyage, avion retardé ou manqué, perte ou vol des bagages, accident ou problème de santé sur place, etc.)... si ces services ne sont pas déjà garantis par l'un de vos contrats d'assurance (carte bancaire, logement, mutuelle de santé, billet d'avion...). Vérifiez que votre assurance couvre bien les sports dits "à risques", comme la plongée, le canyoning ou la randonnée.

AVA Assurances
01 53 20 44 28 www.ava.fr

Europ Assistance
01 41 85 93 65 (lun.-sam. 8h30-19h)
www.europ-assistance.fr

Mondial Assistance
01 42 99 82 82 (lun.-ven. 9h-18h)
ou 01 42 99 02 02 (assistance médicale 24h/24) www.mondial-assistance.fr

AGENDA

JOURS FÉRIÉS

Nouvel An
1er janvier

Bénédiction des eaux, Épiphanie
Dans les ports, lacs, rivières, processions et immersions de croix.
6 janvier

Premier dimanche de Carême
Février

Annonciation et fête nationale
La fête nationale commémore le soulèvement grec de 1821 contre les Ottomans
25 mars

Vendredi saint
Mars-avril

Dimanche et lundi de la Pâque orthodoxe
Fête orthodoxe majeure avec processions et banquets.
Mars-avril

Fête du Travail
1er mai

Assomption de la Vierge
Dans les églises et les monastères.
15 août

Fête nationale de l'*Ochi*
En souvenir du "Non" du général Metaxas à l'entrée des troupes mussoliniennes en Grèce (1941).
28 octobre

Noël
25 décembre

Saint-Étienne
26 décembre

FÊTES ET FESTIVALS

Fête des fleurs
Bouquets suspendus au-dessus des portes.
1er mai

Fête de la guitare
Concerts.
Sitia 3 j. début mai

Commémorations de la bataille de Crète
Défilés militaires et civils, en particulier aux environs de Chania.
20-27 mai

Festival culturel international de Chania
Chania Fin mai

Saint-Jean (Agios Ioannis)
Feux de la Saint-Jean.
Rethymnon 24 juin

Festival des Hyankinthia
Anogia Fin juin-début juillet

Fête du régime crétois
Dégustations dans le jardin municipal.
Jardin municipal Rethymnon Fin juillet.

Sainte-Parascève (Agia Paraskevi)
À Kalyves, Falassarna et Skotino.
Kalyves 26 juillet

Festival d'Héraklion
Concerts et pièces de théâtre.
Héraklion Juillet-août

Festival Renaissance
Théâtre et spectacles.
Rethymnon Juillet-août
(tous les deux ans)

Festival des Kornaria
Récitals, théâtre.
Sitia Juillet-août

Festival des Kirwia
Concerts, théâtre.
Ierapetra Juillet-août

Festival de musique et de danse
Anogia 1er-15 août

Saint-Tite (Agios Titos)
Héraklion 25 août

Saint-Nizier (Agios Nikitas)
Frangokastello 15 septembre

Fête de la châtaigne
Quelques jours à Elos et aux environs.
Octobre

Sainte-Pélagie (Agia Pelagia)
Agia Pelagia 8 octobre

Fête nationale crétoise
Commémoration de l'Holocauste du monastère d'Arkadi (9 nov. 1866).
7-9 nov.

Saint-Ménas (Agios Minas)
Agios Minas, célèbre saint patron de la ville d'Héraklion.
Héraklion 11 novembre

Sainte-Barbe (Agia Varvara)
À Zaros et Agia Varvara.
Zaros 4 décembre

Saint-Nicolas
Patron des marins et des pêcheurs fêté dans toutes les localités du nom d'Agios Nikolaos.
6 décembre

TRANSPORTS

Bon à savoir : il n'y a pas de chemin de fer en Crète.

ALLER EN CRÈTE EN AVION

Des liaisons régulières sont programmées par la compagnie grecque Aegean Airlines et par Air France, complétées en été par de nombreux vols charters. Il faut en général transiter par Athènes (ATH) pour se rendre en Crète où vous attendent trois aéroports internationaux, Héraklion, Chania et Sitia.

DE FRANCE

Aegean Airlines
Deux ou trois vols Paris-Athènes AR par jour.

Terminal 1 Aéroport de Paris Charles-de-Gaulle France 01 70 03 13 23 www.fr.aegeanair.com

Air France
De trois à cinq vols directs AR par jour entre Paris-CDG et Athènes (env. 3h de vol).
France 36 54 (tlj. 6h30-22h) ou 892 70 26 54 (de l'étranger) www.airfrance.com

EasyJet
Cette compagnie *low cost* assure des vols Paris Orly-Athènes.
France 0899 345 120 www.easyjet.com

Transavia
Propose des liaisons *low cost* directes Paris-Héraklion et Paris-Chania d'avril à octobre.
France 06 37 71 36 60 www.transavia.com

Ryanair
Vols au départ de Marseille vers Chania.
www.ryanair.com

DE GRÈCE CONTINENTALE

Aegean Airlines & Olympic Air
En été, la compagnie relie Athènes six ou sept fois par jour à Héraklion et trois fois à Chania. Deux vols hebdomadaires relient Chania à Thessalonique. Toujours en haute saison, vols au départ de Sitia pour Kassos (25min), Karpathos (1h) et Rhodes (2h).
210 62 61 000 ou 801 112 00 00 ou 2810 34 43 24 (Aegean, aéroport d'Héraklion) www.aegeanair.com

Astra Airlines
Relie Thessalonique à Héraklion trois fois par semaine et Athènes à Sitia tous les jours en été (1h).
2310 47 93 91 ou 801 700 74 66 (de Grèce) www.astra-airlines.gr

Ellinair
Relie Athènes et Thessalonique à Héraklion quatre fois par semaine, toute l'année.
2311 22 47 00 ou 2810 24 46 69 www.ellinair.com

Ryanair
Assure deux ou trois vols quotidiens entre Athènes et Chania et un vers Thessalonique. En hiver, deux vols le week-end.
www.ryanair.com

Sky Express
Relie plusieurs fois par semaine Héraklion et Athènes ainsi que d'autres îles (Rhodes, Kos, Lesbos...).
2810 22 38 00 www.skyexpress.gr

AÉROPORTS

Aéroport international Nikos Kazantzakis
Le deuxième aéroport de Grèce accueille régulièrement des vols en provenance d'Athènes, Rhodes, Santorin, Chypre, Thessalonique, Kos, Kerkyra (Corfou) et Mykonos. Plusieurs distributeurs de billets dans le hall des départs.
5km au sud-est d'Héraklion 2810 39 78 00 www.heraklion-airport.info

Aéroport international Ioannis Daskalogiannis
Aegean Airlines et Ryanair relient Chania au continent. Nombreux services : bureau de poste, bureau de change, distributeurs de billets, bars, restaurants, *duty free shop*, agences de location de voitures, etc.
Dans la presqu'île d'Akrotiri, à env. 15km du centre de Chania 2821 08 38 00 www.chania-airport.com

Aéroport international de Sitia
Liaisons avec Paris, Amsterdam et Bratislava.
2km au nord-ouest du centre-ville 2843 02 44 24 Toute l'année Horaires d'ouverture selon le programme des vols www.hcaa.gr

ALLER EN CRÈTE EN BATEAU

Deux compagnies, Minoan (www.minoan.gr) et Anek Lines (www.anek.gr) relient le port du Pirée à Héraklion, pour Minoan, et à Chania pour Anek Lines. Les ferries embarquent voitures et motos. Vous aurez le choix entre le confort d'une cabine ou le spectacle du large, sur le pont. Prévoyez une nuit de traversée. Les tarifs, variant en fonction du prix du carburant, sont mis à jour sur les sites Internet des compagnies. Comptez env. 40€ pour une traversée sur le pont.

Minoan Lines - Grimaldi group
25-Avgoustou 17 Héraklion ☎ 2810 39 98 99 www.minoan.gr ⌚ Lun.-ven. 9h-21h, sam. 9h-17h

Anek Lines - Blue Star
Anek Lines dessert aussi Héraklion, même si sa destination principale demeure Chania.
Pl. Souda **Port de Souda** ☎ 2104 19 74 00 ou 2104 19 74 20 ou 2821 08 00 50 www.anek.gr

www.greekferries.gr
Ce site en français renseigne sur les trajets en bateaux possibles à la date voulue et permet de réserver.

RÉSEAU ROUTIER

Une autoroute ("New Road") longe la côte nord, de Kissamos à l'ouest jusqu'à Kalo Chorio à l'est, en desservant Chania, Rethymnon, Héraklion et Agios Nikolaos. Plus à l'est, entre Kalo Chorio et Sitia, alternent tronçons d'autoroute et routes nationales. Ce réseau est complété par une série de routes transversales ou perpendiculaires, plus ou moins larges, plus ou moins sinueuses, qui desservent les principaux villes et villages de l'Est, du centre et du Sud. D'innombrables chemins, en terre ou partiellement bitumés, desservent les plus petits villages. L'état de ce réseau secondaire est en perpétuelle évolution : vite endommagé, il est aussi vite refait, et un bitume parfait peut soudainement laisser place à une piste caillouteuse.

SÉCURITÉ ROUTIÈRE

La Grèce est le pays d'Europe où l'on enregistre le plus d'accidents de la route, et la Crète fait monter le score national. Soyez prudent, le danger peut surgir de partout : une pierre qui dévale, un énorme trou en plein virage, des gravillons au milieu d'une

TABLEAU KILOMÉTRIQUE

	Héraklion	Agios Nikolaos	Sitia	Matala	Rethymnon	Chania
Agios Nikolaos	62					
Sitia	129	70				
Matala	69	130	196			
Rethymnon	80	140	207	78		
Chania	142	200	267	134	60	
Kissamos	174	234	300	167	95	38

courbe dangereuse, des chèvres et des moutons qui batifolent librement, etc. Déjà préoccupantes dans les villes, où les piétons sont tenus à la plus grande vigilance, les conditions de circulation sont aussi difficiles en campagne. En cas d'accident, prévenez la police (tél. 100) et votre consulat s'il y a des complications, cf. Urgences et hôpitaux (p.222).

LOCATION DE VOITURE

La voiture est indispensable pour sortir des sentiers battus. Si vous avez l'âme aventurière et un budget confortable, il est recommandé de louer un véhicule 4x4 (comptez, en kilométrage illimité, 35-50€/j. et 130-175€/sem. pour une petite voiture, et 55-70€/j. et 225-285€/sem. pour un 4x4). Les motards se méfieront des nids-de-poule et des sautes de vent, souvent violentes. Le permis est nécessaire pour un scooter, dès $50 cm^3$. Et n'oubliez pas le casque même par temps caniculaire.

CARS

Regroupés sous l'enseigne **KTEL**, les cars sont confortables, économiques, climatisés. Ils desservent largement les localités d'importance moyenne comme Paleochora ou Sitia, les grands sites touristiques comme Phaistos, Malia ou le plateau d'Omalos (accès aux gorges de Samaria), ainsi que les principales stations balnéaires du Sud, comme Matala, Agia Galini ou Plakias. En revanche, les villages du Sud et du centre sont beaucoup moins chanceux.

https://rethymnon.com/TheBus-Bus-Service-Crete

TAXIS

Ils présentent un bon rapport qualité-prix et se révèlent parfois plus économiques que la location d'une voiture sur les courtes distances. Comptez environ 0,60€ du kilomètre.

BATEAUX

La ligne publique de ferries **Anendyk** relie Paleochora, Sougia, Agia Roumeli, Loutro et Chora Sfakion pour un prix modique. À titre d'exemple, le trajet Chora Sfakion-Agia Roumeli dure une heure et coûte environ 13€ AS. On peut embarquer son véhicule (moto ou voiture), sauf pour le village de Loutro. Une autre ligne dessert l'île de Gavdos à partir de Chora Sfakion (3/sem.) et Paleochora (2/sem.). Certaines compagnies privées relient – pour un prix nettement plus élevé – certaines destinations touristiques, notamment l'île de Chryssi à Ierapetra et la plage d'Agios Pavlos à Agia Galini.

BON À SAVOIR

Côtoyer la population crétoise constitue l'un des grands charmes de l'autocar. Vous verrez ainsi vos compagnons de voyage se signer trois fois de suite dès que la route passe à proximité d'un ravin ou s'engage dans un lacet serré… mais le car reste le moyen de transport le plus sûr de l'île !

SUR PLACE

ARGENT ET BANQUES

CARTES BANCAIRES

La devise utilisée en Crète est l'euro. Ayez toujours des espèces sur vous car beaucoup de transactions se font encore en liquide en Crète. Votre carte bancaire vous servira surtout à retirer de l'argent et à régler votre note dans les hôtels et restaurants, sans surcoût pour les habitants de l'UE, mais rarement dans les pensions et tavernes familiales comme pour vos achats. Pensez donc à vous munir de liquidités avant de vous aventurer dans les zones les moins touristiques.

Service interbancaire d'opposition

+33 442 605 303 (toutes les cartes) ou +32 70 344 344 (Visa et MasterCard)

DÉCALAGE HORAIRE

La Crète, comme le reste de la Grèce, compte une heure d'avance par rapport à la France, la Belgique et la Suisse, soit GMT+2 en hiver et GMT+3 en été : quand il est 18h à Paris, à Bruxelles et à Genève et 12h à Montréal, il est 19h à Héraklion.

HORAIRES

Les magasins ouvrent selon un rythme alterné : les lundis, mercredis et samedis de 9h à 14h30-15h et les mardis, jeudis et vendredis de 9h à 14h et de 17h à 20h30. Mais l'été, ils font souvent la journée continue. Les pharmacies appliquent les mêmes horaires, mais sont également fermées le samedi et le dimanche. Les administrations et les banques sont généralement ouvertes de 8h à 14h (mais les portes ferment dès 13h). Les postes ouvrent théoriquement de 7h30 à 14h, du lundi au vendredi. Si vous arrivez trop tard, vous pourrez acheter vos timbres dans un *periptero* (kiosque) ou un supermarché.

PERIPTERO

Ces petits kiosques occupent une place centrale dans la vie quotidienne grecque. Il y en a toujours un ouvert, où trouver une multitude de choses : journaux, boissons, cigarettes, bonbons, grignotages, cartes téléphoniques, timbres, piles, aspirine, pellicules photo, préservatifs, shampooing, cartes postales... *Le Monde*, *Libération*, *Le Figaro* et *L'Équipe*...

PLAGES

Celles de la côte nord, généralement couvertes de sable blond, sont malheureusement victimes du tourisme de masse. On préférera celles du littoral sud, est et ouest, qu'elles soient de galets, de sable gris ou blond : elles sont nettement moins fréquentées.

RESTAURATION

Seuls les restaurants d'un certain standing acceptent les règlements par carte bancaire. L'eau du robinet est potable, même là où elle n'a pas un goût irréprochable. Vous pourrez alors lui préférer l'une des nombreuses eaux minérales produites dans l'île (Zaros, Rouvas, Agia Marina, Lyttos...).

HORAIRES

En Grèce, il est possible de se restaurer à n'importe quel moment de la journée. De nombreux cafés servent des petits déjeuners tardifs. Les Grecs déjeunent de 13h30 à 16h et dînent de 21h à 1h.

LE *KAFENEION*

Le café populaire, présent dans les villages les plus reculés, occupe une place centrale dans la vie quotidienne des Grecs et des Crétois. On peut y sert des en-cas très simples, comme une portion de feta ou de *myzithra* (un fromage blanc) ou une assiette garnie de concombres, de tomates, de pain biscotté (*paximadi*), de quelques olives et fruits secs.

TAVERNES ET AUTRES RESTAURANTS

Hormis dans les villes comme Héraklion ou Rethymnon, où l'on rencontre quelques établissements chics appelés "restaurants", ou ***estiatoria***, les tavernes et autres restaurants crétois sont d'un standing modeste, même si la cuisine, elle, est de grande qualité. Les Grecs ne portent qu'un intérêt relatif au décor et les meilleures adresses sont souvent des lieux simples, aux tables nappées de papier. Un vrai ***magireio*** propose une "cuisine du marché", des plats mijotés à la casserole, en ragoût par exemple, et sous la forme de plats du jour aux prix variables. Les ***psistaries*** (pluriel de *psistaria*, à ne pas confondre avec ***pitsaria***, "pizzeria") sont spécialisées dans les grillades d'agneau, de porc ou de poulet. On y mange souvent bien et pour pas cher. Dans les ***psarotavernes***, où le poisson grillé, choisi à la pièce, vous sera facturé au kilo, les prix sont élevés. Gardez-vous des sites les plus pittoresques, comme les ports de Chania, de Rethymnon, d'Héraklion et d'Agios Nikolaos, où la cuisine est souvent exécrable et l'addition plus salée qu'ailleurs. Pour le **pourboire** : le service étant inclus, il n'est pas très courant, mais sera apprécié.

L'*OUZERI*, LE *RAKADIKO* ET LE *MEZEDOPOLEIO*

Comme leur nom l'indique, les deux premiers ont pour vocation de servir de l'ouzo ou du raki, accompagné de *mezedes* (amuse-gueules variés), mais on peut aussi y commander un plat sans ouzo. Au *mezedopoleio*, on peut boire de l'ouzo ou un verre de vin, accompagné de petits plats individuels présentés à l'assiette (viande en daube, olives, fromage, pommes de terre au four, etc.).

SUR LE POUCE

Ne vous privez pas des chaînes grecques de restauration rapide :

BON À SAVOIR

En Grèce, il est rigoureusement interdit de fumer dans les cafés et restaurants, comme dans tous les lieux publics, conformément à la loi du 1er septembre 2010... mais tous les Crétois ne semblent pas l'avoir encore compris.

Goody's, Everest, Grigoris... On y sert d'excellents sandwichs aux saveurs méditerranéennes : salades variées, feta, oignons, viande de porc, de mouton ou de bœuf, légumes frais. Partout, à toute heure du jour et de la nuit, vous trouverez des **souvlakia** (brochettes), des **tiropites** (feuilletés au fromage) à manger sur place ou à emporter... ou à vous faire livrer.

SPORT

Les paysages escarpés de l'île se prêtent à toutes sortes d'activités sportives : escalade, canyoning, spéléologie, équitation, randonnées pédestres et cyclistes, golf...

ESCALADE ET AUTRES SPORTS DE PLEIN AIR

Crete Canyoning Association
Le guide *Canyoning in Crete*, éd. Road, publié en 5 langues, dont le français, recense et décrit 34 canyons.
Thiras, 5 Héraklion 6997 09 03 07
www.canyon.gr

Cretan Adventures
Evans 10 Héraklion 2810 33 27 72
www.cretanadventures.gr

The Crete Golf club
Le seul golf (18 trous) de Crète, situé à une vingtaine de km à l'est d'Héraklion.
2897 02 60 00 www.cretegolfclub.com Tlj. 7h30-coucher du soleil

PLONGÉE

La plongée est, en Crète, une activité très réglementée. Les clubs reconnaissent les brevets CMAS (donc les diplômes français) et Padi, et leur personnel est au moins anglophone. Les zones les plus intéressantes sont : **Chania** (du golfe de Megalos Sfakos jusqu'à Afraton), **Rethymnon** (autour de Karakiou et à l'ouest de Panormos), **Héraklion** (de la baie de Fodele jusqu'à Chersonisou et du nord de Gournes jusqu'au cap Diakori) et **Lassithi** (à l'est de la région de Panagia). Si vous souhaitez plonger ou passer votre baptême, la Crète dispose des infrastructures nécessaires.

Scuba Kreta
Dans la région d'Héraklion.
Nana Beach Hotel Limenas Chersonisou 2897 02 49 15 ou 6936 89 30 32 ou 2897 02 40 76 (rés.)
www.scubakreta.gr Avr.-oct. : lun.-sam. 9h-17h

Stay Wet
Dans la région d'Héraklion.
Agia Palagia-Mononaftis **Kato Gouves**
2897 04 26 83 ou 6944 69 01 52
www.staywet.gr Avr.-oct. : mar.-dim. 9h-18h ; juil.-août : tlj. 9h-18h

Hippocampos
Dans la région de Rethymnon.
Bali Milopotamou 2834 09 41 93
www.hippocampos.com Avr.-oct. : lun.-sam. 9h-13h et 17h-21h

Paradise Diving Center
Dans la région de Rethymnon.
Petres Geraniou 2831 02 63 17
www.diving-center.gr Avr.-oct. : lun.-sam. 9h-20h

Blue Adventures diving
À Chania.
Selinou 114 2821 04 06 08
Avr.-oct. : tlj. 8h-21h

RANDONNÉE

Le choix est vaste, il y a des marches pour tous les goûts et pour tous les niveaux, de la balade d'une heure au trek de trois jours.

CARTES ET LOCALISATION

La meilleure carte est la *Crete Trekking and Road Map*, au 1/100 000, publiée par Petrakis à Héraklion. Bien qu'elle soit loin d'être parfaite, vous y trouverez les principaux chemins de randonnée, dont le sentier européen E4 qui traverse l'île d'est en ouest. L'idéal est de disposer d'un GPS susceptible de mémoriser un itinéraire préparé sur Google Earth et/ou d'enregistrer le tracé exact d'un parcours.

CONSEILS

S'il n'est pas forcément nécessaire d'investir dans du matériel de randonnée, il est indispensable de posséder au moins une paire de chaussures souples dotées de bonnes semelles. Ne mésestimez jamais la force du soleil (crème solaire et couvre-chef obligatoires), ni les besoins de votre organisme : pensez à emporter des provisions d'eau et un coupe-faim dans votre sac à dos. Les cartes étant souvent imprécises et les sentiers pas toujours bien balisés, une boussole est indispensable si vous ne disposez pas d'un GPS.

CLUBS ET ASSOCIATIONS

EOS – Club alpin d'Héraklion
Dikaiosinis 53 Héraklion ☎ 2810 22 76 09 (à partir de 20h30) www.eos-her.gr

EOS – Club alpin de Rethymnon
Dimokratias 12 Rethymnon ☎ 2831 05 77 66 www.eosrethymnou.gr

EOS – Club alpin de Chania
Stratigou Tzanakaki 90 ☎ 2821 04 46 47 www.eoshanion.gr

REFUGES

Refuge de Prinos
Massif du Psiloritis, mont Prinos (1 100m), géré par le club alpin d'Héraklion. Capacité 25 personnes, 14 lits. ☎ 2810 22 76 09

Refuge de Stoumbotos
Prinos Massif du Psiloritis, mont Sopata ou Stoumbotos Prinos (1 500m), géré par le club alpin de Rethymnon. Capacité 30 lits. ☎ 2831 05 77 66 (mardi soir) ou 6976 40 29 02

Refuge de Kallergi
Massif des Montagnes Blanches, mont Kallergi (1 680m), à proximité des gorges de Samaria, géré par le club alpin de Chania. Capacité 45 personnes.
Omalos ☎ 2821 04 46 47 ⏲ Avr.-oct.

TÉLÉPHONE

APPELS INTERNATIONAUX

Pour appeler la Grèce de l'étranger, composez 00 + 30 + le numéro local de votre correspondant. Les numéros locaux sont à 10 chiffres : ils commencent par un 28 si ce sont des lignes fixes OTE en Crète, par un 69 si ce sont des portables. **Pour appeler à l'étranger de Grèce**, composez le 00 suivi du code du pays : 33 pour la France, 32 pour la Belgique, 1 pour le Canada et 41 pour la Suisse (sans le 0 initial, sauf pour le Canada).

URGENCES ET HÔPITAUX

En cas d'urgence médicale, vous pouvez appeler le **166,** jour et nuit, numéro joignant les services d'ambulances et indiquant les pharmacies de garde. Le **106** vous mettra en relation avec les hôpitaux. Dans les petites villes, vous trouverez des *kentra ygias*, indiqués "Health Center", qui fonctionnent comme des dispensaires. Les villages de campagne disposent de petites antennes médicales appelées *agrotiko giatrio*, pour les cas relativement simples et les premiers soins.

Annexe du consulat de France
Kritovoulidou 22 Héraklion ☎ 2811 10 21 85 ou 6937 28 49 65

Hébergements

Toutes les clefs pour bien se loger

SE LOGER

Les hébergements satisferont tous les goûts et tous les budgets. Les prix varient selon l'emplacement et la saison, s'envolant en juillet et août. Une certitude : la Crète peut s'enorgueillir d'avoir un sens de l'hospitalité, si rare.

CAMPING

Le camping "sauvage" est officiellement interdit en Grèce mais il se pratique couramment sur le littoral sud de la Crète. De mai à septembre, les nuits sont assez chaudes pour se passer de tente et dormir avec un simple sac de couchage. Les campings sont rarement bien placés, hormis à Matala et Plakias, et le prix (environ 15€ pour deux) frise souvent celui des pensions les moins chères.

Union panhellénique des propriétaires de camping
Toutes informations sur les campings grecs (fermé en été).
Stadiou 24 Athènes ☎ 2103 62 15 60
www.greececamping.gr

AUBERGES DE JEUNESSE

La Crète n'en compte que trois et une seule est affiliée à la Fédération internationale des auberges de jeunesse : celle d'Héraklion, hélas vétuste. Les deux autres, à Rethymnon et à Plakias, sont d'excellentes adresses. La carte internationale des auberges de jeunesse n'est pas exigée.

PENSIONS

Les pensions – souvent signalées par un panonceau "Rooms for rent" ou "Rooms to let" – fournissent l'essentiel des capacités d'hébergement de l'île si l'on excepte les grands hôtels charters de la côte nord. Leur qualité varie de la simple chambre blanche avec salle de bains partagée à la superbe pension de charme aménagée dans une antique demeure vénitienne (Chania, Rethymnon) en passant par le studio ou l'appartement tout équipé. À la différence des hôtels, on n'y sert pas le petit déjeuner et encore moins le dîner. L'offre est abondante ; vous trouverez en principe une pension pour vous loger, où que vous alliez. Méfiez-vous toutefois des périodes de pointe dans les endroits fréquentés et lors de la grande fête nationale du 15 août.

HÔTELS

La Crète en compte un nombre restreint si l'on excepte les grands complexes hôteliers des stations balnéaires du Nord, accueillant en priorité les groupes organisés. La différence entre hôtels et pensions est relativement ténue. Les hôtels acceptent les cartes bancaires, les prix n'y sont pas négociables, l'accueil y est a priori plus "professionnel" mais plus distant. On peut réserver pour une nuit, ce qui n'est pas toujours le cas des pensions qui, souvent, demandent au minimum deux ou trois nuitées.

Chambre des hôteliers de Grèce
Stadiou 24 Athènes ☎ 2132 16 99 00
www.grhotels.gr

DOMATIAS

Les *domatias* (littéralement : chambres) sont l'équivalent de nos chambres d'hôtes, à la différence qu'elles servent rarement le petit déjeuner. Les régions agricoles, s'ouvrant à l'agritourisme, offrent, en formule *domatias*, des séjours passionnants où participer aux activités quotidiennes. Les fermes bio ont particulièrement développé cet aspect.

TARIFS ET CATÉGORIES

La loi grecque oblige les gérants des pensions et des hôtels à s'affilier à l'office de tourisme hellénique. Leurs installations sont soumises à un certain nombre de critères concernant la sécurité et les tarifs, fixés à l'année, doivent être affichés de manière lisible. Ils varient en fonction de la saison et de l'usage ou non de la climatisation. Dans les pensions, ils fluctuent aussi de façon officieuse selon le taux de remplissage et la durée du séjour, si bien que le prix proposé est généralement inférieur au tarif officiel.

DISTRICT D'HÉRAKLION

HÉRAKLION

REA Hotel €

Seize chambres simples, mais propres et rénovées, dont 10 avec salle de bains et certaines avec balcon. À 10min à pied de l'hypercentre. Selon la saison, 26-35€ la double avec salle de bains partagée, 36-45€ avec salle de bains privée.

Kalimeraki 1/Chortatson Héraklion ☎ 2810 22 36 38 www.hotelrea.gr 🕒 Mars-nov.

Hôtel Lena €

Premier atout pour cet établissement urbain : le calme en plein centre. Deuxième avantage : le patron parle bien français. Seize chambres toutes blanches, très hautes de plafond, sobres et bien tenues, au prix de 40 à 50€. Petit déjeuner 8€.

Lachana 10 Héraklion ☎ 2810 22 32 80 www.lena-hotel.gr

Hôtel Kastro €€

Ce 3-étoiles de 39 chambres, fonctionnel et confortable (clim., double vitrage efficace, bonne literie), est situé en plein centre-ville, près du port. Comptez de 60 à 80€ la double en haute saison, petit déjeuner buffet compris avec du jus d'orange pressé maison. Demandez les chambres côté cour, plus calmes.

Theotokopoulou 22 Héraklion ☎ 2810 28 41 85 ou 2810 28 50 20 www.kastro-hotel.gr

Hôtel Irini €€

Cet hôtel d'une soixantaine de chambres aux tons sereins, certaines avec balcon, offre une situation idéale. Bien entretenues, modernes, ces chambres sont tout confort (clim., réfrigérateur, coffre-fort, bons lits). Comptez de 65 à 80€ selon la saison. Bémol : petit déjeuner-buffet de piètre qualité.

Idomeneos 4 Héraklion ☎ 2810 22 97 03 ou 2810 22 65 61 www.irini-hotel.gr

MALIA

Balsamico ♥€€€

Adresse de charme, offrant 4 suites exceptionnelles. La décoration, soignée jusqu'au moindre détail, s'accompagne d'un excellent standing (climatisation, baignoire, cuisine équipée, TV plasma). L'accueil chaleureux de Maria, et la piscine, achèvent de convaincre. Selon la saison, de 60 à 120€, petit déjeuner compris. Dîner sur commande.

Chersonisos (10km à l'ouest de Malia et à 3km au sud de Limin Chersonisos) 2897 02 33 23 www.balsamico-suites.gr

ZAROS ET LA MESSARA

Eleonas Cottages €€€

Pour prendre de la hauteur et s'oxygéner, 20 gîtes coquets (2 à 6 pers.) se fondent dans la nature face à des vues panoramiques. Au cœur du domaine, une piscine et une auberge avec de savoureux menus terroir. Vélos et programme d'excursions thématiques. De 80 à 100€, petit déjeuner compris.

1,5km au nord de Zaros 2894 03 12 38 ou 6976 67 00 02 www.eleonas.gr

Fantastic €

À 50m de la plage, cet hôtel familial en pierre du pays loue 15 chambres sobres, refaites au goût du jour (salle de bains, clim., réfrigérateur, balcon, et coin cuisine pour certaines). Vaste terrasse et jardin. De 30 à 40€ pour deux. Prix dégressifs pour longs séjours.

"Rue des pensions", sur la droite Matala 2892 04 53 62 www.hotel-fantastic.gr Avr.-nov.

Hôtel Sunshine €€

À deux pas de la mer, cet hôtel compte une dizaine d'hébergements scrupuleusement tenus. Des chambres aux couleurs gaies, des studios tout blancs, du gazon et des transats pour se reposer. Adresse fiable et "no stress". Doubles, studios ou appartements de 40 à 80€.

Rue principale Matala 2892 04 51 10

Pension Patelo €

Une pension toute blanche sur les hauteurs de Pitsidia avec, du jardin, une belle vue sur la mer. Aux 10 chambres climatisées (40€), qui se partagent une cuisine, s'ajoutent 2 studios (45-50€) dans la verdure.

Pitsidia (4km au nord-est de Matala) 2892 04 50 06 ou 6974 31 02 92 Mars-nov.

LA CÔTE SUD

Dytikos Studios €

En surplomb de la plage, 9 studios (dont 3 pour 4 pers.) fonctionnels et propres, dotés de larges balcons face à la mer. Clim. et cuisinette équipée. Comptez 40€ pour deux.

Dytiko Lentas (1,8km à l'ouest du village) 2892 09 52 70 ou 6999 29 52 22 www.hotel-lentas.com Avr.-début nov.

Komis Studios €€

En bord de mer, ce bel édifice en pierre de taille abrite 15 grandes chambres confortables où les portraits de stars de cinéma flirtent avec des icônes. Chambre double à 70€, petit déjeuner inclus et servi sur une terrasse verdoyante.

À l'entrée du village, à côté de la supérette Keratokambos 6944 18 87 87 Mai-oct.

Thalori Kapetaniana Traditional Village €€

Perdu dans les monts Asteroussia, ce complexe offre des hébergements de caractère en osmose avec la nature. Cheminée, mobilier et déco de style tradi confèrent une atmosphère chaleureuse à 21 gîtes remarquablement équipés. La taverne cuisine bien et bio. En bonus, balades à pied, à vélo, à cheval, en barques et piscine. De 65 à 80€ la double.

Kapetaniana (32km à l'est de Lentas, via Vagionia) 2893 04 17 62 ou 6976 99 48 96 www.thalori.com

LASSITHI

AGIOS NIKOLAOS

Pergola Hotel €

Bien situé, près du centre et à 3min à pied de la plage. Cet hôtel chaleureux loue 30 chambres confortables, certaines avec kitchenette et vue sur la baie pour 50€. Bon petit déjeuner pantagruélique à 5€.

Sarolidi 20 Agios Nikolaos 2841 02 81 52 ou 6944 99 97 29 http://pergola-hotel.agios-nikolaos-crete.hotel-crete.net

Hôtel Victoria €

Victoria et Stavros tiennent avec sérieux et passion cet hôtel situé sur le rivage du golfe de Mirabello. Seize chambres confortables, climatisées, certaines face à la mer. Tout est ici en place pour un bon séjour crétois, jusqu'au petit déjeuner, excellent (6€). Chambres de 30 à 50€.

Akti Styl. Koundourou 34 Agios Nikolaos 2841 02 27 31 www.victoria-hotel.gr

Hôtel Creta €€

Une vingtaine de chambres spacieuses, avec plaques électriques et réfrigérateur. Certaines donnent sur une immense terrasse, d'autres, face à la mer, ont un balcon. De 45 à 50€, selon la saison (excellent rapport qualité-prix). Les amoureux choisiront l'intime n°306 ouvrant sur le toit. De plus, quelques appartements T4 pour 70€. Accueil francophone.

Sarolidi 22 Agios Nikolaos 2841 02 88 93

The Traditional Homes of Crete €€€

Une dizaine de maisonnettes anciennes (2-6 pers.), soigneusement restaurées, sont disséminées dans Elounda. Sur les collines, face à la baie, la Margarita déploie un beau décor d'inspiration ottomane. En haute saison : 75-85€/j. pour un appartement (2-4 pers.), 120-170€ pour une maison (3-6 pers.).

Mavrikiano Elounda (1,2km au nord-ouest du centre d'Elounda, et à 11km d'Agios Nikolaos) 2841 04 17 17 ou 6936 51 36 83 www.traditional-homes.gr

IERAPETRA

Hôtel Zafiri €

Dans une rue calme de la vieille ville, ce petit établissement familial se distingue par son accueil, son sérieux et... sa façade noyée sous les fleurs et la verdure. Dix-sept chambres impeccables et spacieuses avec balcon, clim. et réfrigérateur. Double 35-45€ selon la saison. Petit déjeuner 5€.

Triantaphyllidi 1 Ierapetra 2842 02 44 22 ou 6997 08 39 54

Cretan villa hôtel ♥€

Tout est superbe : la vieille demeure traditionnelle, les 9 chambres, crépies de blanc, d'un excellent standing et distribuées autour d'un patio. Le sympathique Manolis saura vous fournir de bons plans de balades. Chambre de 45 à 55€, selon la saison. Également 4 studios (2 pers.) de 50 à 64€.

Oplarchigou Lakerda 16 Ierapetra 2842 02 85 22 www.cretan-villa.com Fév.-fin nov.

Astron Hotel €€

Face à la plage, les 66 chambres et suites de cet hôtel rénové au goût du jour, et professionnel, offrent des volumes et un confort remarquables. Chambre double de 60€ à 80€ selon la saison. Restaurant, bar, location de voitures et organisation d'excursions.

Michail Kothri 56 Ierapetra 2842 02 51 14 www.hotelastron.com

Villa Mertiza €
Difficile de résister : les chambres ouvrent sur un jardin fleuri embaumant le jasmin. Elles sont de véritables petits studios bien agencés (40-60€ la nuit). Également 8 appartements (2-4 pers.) pour 60-70€. Petit déjeuner-buffet copieux à 7,50€.

Entrée ouest, à côté de la grande église Myrtos (à 15km de Ierapreta) 2842 05 12 08 ou 6932 73 52 24 www.mertiza.com Avr.-nov.

SITIA

Hôtel Archontiko €
Cette pension idéale se tient dans une maison pittoresque assortie d'une cour plantée d'orangers. Dix chambres spacieuses et confortables, avec salle de bains partagée et cuisine commune. L'hôtesse, allemande, parle un bon français. Ambiance conviviale et intime à la fois. Une adresse rare, à prix d'ami : 30-35€ la chambre.

Kondylaki 16 Sitia 2843 02 81 72 ou 2843 02 29 93 Début avr.-fin oct.

Portobelis House €
À la périphérie de la ville, face à la plage, dans un petit bâtiment agréable et bien tenu : 1 chambre double, spacieuse et lumineuse (35-45€, sans le petit déj.), 3 studios (45-55€, 2 pers.) et 3 appartements (65-85€, 4 pers.) sur mer ou sur jardin, tous avec un coin cuisine. Une bonne adresse pour les familles.

Karamanli 34 Sitia 2843 02 23 70 www.portobelis-crete.gr Mi-avr.-mi-nov.

Hôtel Hellas €
Le meilleur hôtel de Palekastro propose 10 chambres fraîches et confortables (double vitrage, clim., réfrigérateur et salle de bains). Très bon rapport qualité-prix : de 30€ à 35€ la double (et moins encore si séjour prolongé). Petit déjeuner 6€. Également restaurant avec une belle palette de recettes locales.

Pl. centrale Palekastro À 17km de Sitia 2843 06 12 40 ou 2843 06 12 76 Avr.-oct.

Rodanthi
Anne Lebrun, organisatrice de randonnées botaniques, loue 2 agréables studios (à partir de 35€), 3 appartements (45-55€), 2 chambres doubles (à partir de 30€) et une maisonnette pour 4-5 pers. (80€ en août). Les chambres et appartements sont proches de la mer, la villa et les studios sont perchés sur les hauteurs de Mochlos, face à un panorama éblouissant.

Mochlos À 35km de Sitia 2843 09 47 25 ou 6976 31 35 06 www.kastelas.com

DISTRICT DE RETHYMNON

RETHYMNON

Makri Steno ♥€
Une délicieuse pension, dans une ruelle charmante de la vieille ville. Derrière une façade minuscule, elle occupe trois vieilles maisons mitoyennes. Une vingtaine de chambres bien équipées (clim., frigo, plaques électriques) dont certaines, somptueuses, ouvrent sur le toit-terrasse avec vue. De 32 à 48€ (selon la saison et la durée du séjour).

Nikiforou Foka 54-58 Rethymnon 2831 02 36 06 ou 6974 73 20 64 ou 2831 05 54 65 www.makristeno.info

Barbara Studios – Dokimaki Varvara I. €

Idéalement placée au calme, entre le port et la forteresse, cette maison vénitienne compte 5 studios et 5 appartements tout confort. Ils ouvrent pour la plupart sur une cour fleurie avec salon de jardin. De 40 à 60€ le studio et de 60 à 90€ pour un appartement, selon la saison.

Damvergis 14 Seconde entrée Nikolaou Plastira 7a Rethymnon 📱 2831 02 26 07 ou 6976 69 52 28 www.barbarastudios.gr

Pension Castello €€

Autour d'un jardin de citronniers, cette pension a des allures de maison d'hôtes : 8 chambres confortables, joliment meublées, sont impeccablement tenues par des patrons attentifs distribuant mille bons plans de visite. De 45 à 55€ selon la saison. Petit déjeuner de 4,50 à 7,50€ au café Castello voisin ou servi dans le jardin.

Karaoli 10/Dimitriou Rethymnon 📱 2831 02 35 70 www.castello-rethymno.gr

Sohora Boutique Hotel €€

À quelques mètres de la mer, cet hôtel familial du quartier piétonnier de la préfecture est tenu par Alexia et sa mère. Elles ont installé une décoration charmeuse, originale, entre objets recyclés et meubles anciens. Quatre chambres avec vue (sur le jardin de la maison ou la forteresse), de 50 à 120€ selon la saison, petit déjeuner compris.

Pl. Iroon Polytechniou 11 Rethymnon 📱 2831 30 09 13 www.sohora.gr

Casa Vitae ♥€€€

Havre de paix et de raffinement, l'hôtel occupe une demeure vénitienne du 16e s. soigneusement restaurée. Les 8 suites, dont 4 avec jacuzzi, sont un subtil cocktail d'ambiances "historiques", de modernité bien pensée et de confort dernier cri (clim., TV plasma et douche hydromassage). De 100 à 150€ la suite avec petit déjeuner.

N. Patelarou 3 Rethymnon 📱 2831 03 50 58 ou 6973 23 78 97 www.casa-vitae.gr 🕒 Début mars-15 jan.

Veneto €€€

Mosaïques de galets, fontaine, puits de lumière agrémentent cette maison du 16e s. élégamment restaurée, située dans le quartier vénitien piétonnier. Deux suites, 2 junior suites et 6 doubles rivalisent de charme et de caractère. De 90 à 130€, selon confort et en haute saison.

Epimenidou 4 Rethymnon 📱 2831 05 66 34 www.veneto.gr

Villa Kynthia

Un hôtel de charme installé dans une maison de maître du 19e s. L'ensemble forme une délicieuse enclave autour d'une cour arborée avec piscine. L'ameublement choisi, les plafonds peints, les volumes aristocratiques, les poutres apparentes confèrent à cette adresse d'exception un charme à la fois bourgeois et rustique. Deux suites, 1 appartement et 2 doubles de 105 à 185€.

Dodekanisou 7 Panormos (20km à l'est de Rethymno) 📱 2834 05 11 48 www.villakynthia.gr

SPILI

Green Hotel €

La façade fleurie et le jardin de cet hôtel trahissent joliment la passion de ses propriétaires pour la nature et l'horticulture. On y trouve une quinzaine de chambres simples, accueillantes, et les services d'un restaurant. Double 35 ou 40€, petit déj. compris. Pour quelques euros de plus, vous aurez accès au sauna.

À la sortie ouest de la ville Spili 📱 2832 02 23 16 ou 2832 02 20 56 🕒 Avr.-oct.

Pension Herakles €

La façade, trop carrée, trop moderne, peut dissuader le voyageur épris d'authenticité. Mais on se laisse vite convaincre par l'ambiance aimable de cette pension familiale et par ses 5 chambres de bonne qualité. Plantureux petits déjeuners maison de 4 à 9€ (4 formules). De 35 à 45€ (tarif négociable). Parking privé bien pratique.

Près de la sortie ouest de la ville, derrière le Green Hotel Spili ☎ 2832 02 21 11 ou 6973 66 74 95

LA CÔTE SUD

Pela Rooms €

À 5min à pied de la plage, avec vues sur la montagne, 4 grands studios très calmes disposent d'un balcon, d'un réfrigérateur, de plaques électriques, de la clim. et du wifi pour seulement 30€ en haute saison. Propreté irréprochable et accueil charmant. Un excellent rapport qualité-prix.

Juste en face de l'église, non loin de l'arrêt des cars, dans une rue qui descend vers le port Agia Galini ☎ 2832 09 11 34 ou 6947 82 16 36

Agios Pavlos Hotel ♥€

Ses deux bâtiments, dont le plus ancien s'élève au bord de l'eau, dominent la baie d'Agios Pavlos. Une vue magnifique, une plage de sable, une eau turquoise et tout sur place : café, restaurant et supérette. Trente chambres toutes simples, mais propres, de 25 à 40€ dans la partie d'origine. Dans la plus récente, plus chic, comptez de 40 à 60€.

Agios Pavlos à 23km d'Agia Galini ☎ 2832 07 11 04 www.agiospavloshotel.gr 🕒 Avr.-fin oct.

Studios Emilia €

Une pension blottie dans les oliviers, en retrait de l'agitation. Vous y trouverez une dizaine de studios spacieux, tous équipés d'un balcon et d'un coin cuisine pour 35 à 45€. Comptez entre 45 et 65€ pour un appartement plus vaste, petit déjeuner 5€. Une bonne adresse, sympathique et paisible.

À l'entrée de la station, derrière l'imposant hôtel Alianthos Beach Garden Plakias ☎ 2832 03 23 62 ou 6986 77 42 62 www.emilia-apartments.com/en 🕒 Avr.-oct.

Villa Stella €€

Trois formules d'hébergement : de ravissants "cottages" isolés (65€ pour 2, de 85 à 100€ pour 4) ou, au cœur du village, des studios et appartements spacieux avec vue sur mer (de 35 à 120€ selon la taille et la saison). Adresse d'habitués qui reviennent vers cette adresse irréprochable.

Myrthios À la sortie sud du bourg (3km au nord-est de Plakias) ☎ 2832 03 18 21 www.villastella-crete 🕒 Mi-mars-mi-nov.

Stefanos Village €€€

Ce complexe très professionnel abrite 30 appartements bien équipés, avec vue aérienne sur la baie de Plakias. Il offre diverses possibilités d'hébergements du junior suites (2 pers.) à l'appartement pour 6 pers. : de 80 à 100€ selon confort et saison. Petit déjeuner-buffet 6€. Belle piscine panoramique, bar et restaurant.

Sur les hauteurs du village Myrthios (3km au nord-est de Plakias) ☎ 2832 03 22 52 www.stefanosvillage.gr 🕒 Mars-nov.

DISTRICT DE CHANIA

CHANIA

Theresa Rooms ♥€€

Une excellente pension, dans une demeure vénitienne du 16e s. : 8 chambres au style bien affirmé avec de hauts plafonds peints, de lourdes tentures, des meubles rustiques, des lithographies et photographies sépia. On tombe définitivement sous le charme en découvrant la petite terrasse qui domine la ville et le port vénitien. Comptez 40-60€ la double. Cuisinette à disposition.

Angelou 8 (Topanas, à côté du musée de la Marine) Chania ☎ 2821 09 27 98 ou 6979 63 08 33 www.pensiontheresa.gr

Pension Lena €€

À l'entrée du port, dans les rues piétonnes du quartier de Topanas, cette belle demeure ottomane à encorbellement de bois propose 6 chambres. Très calme et beaucoup de charme. Toit-terrasse sans grande vue mais plaisant. En bonus, cuisine collective. Double de 30 à 60€ selon le confort et la saison.

Ritsou 5 Chania ☎ 2821 08 68 60 ou 6932 82 97 88 www.lenachania.gr

Stoa Rooms & Apartments €€

À 50m du port, dans une maison ancienne pleine de recoins, 5 chambres spacieuses (2-3 pers.) à la décoration un peu datée mais touchante. Deux donnent sur le port vénitien, et les autres sur la cour fleurie d'un petit passage. Tout confort : clim., réfrigérateur, TV satellite, wifi... Comptez env. 50€.

Lithinon 5 Chania ☎ 2821 04 68 79 ou 2821 07 94 78 ou 6944 77 96 90 www.stoarooms.gr ◷ Toute l'année

Linnea Suites €€

Jolie rénovation d'un hôtel particulier du vieux Chania. La façade en pierre et en bois affiche des ornementations d'époques variées. Deux studios et 2 appartements (pour 3 ou 4 pers.) donnent sur une placette calme et piétonne. Bonne adresse où l'on se sent "comme chez soi". Comptez 50-70€ selon la saison.

Kallinikou Sarpaki 41 Chania ☎ 2821 05 30 01 ou 6973 24 64 91 www.linneasuites.com ◷ Avr.-sept. Reste de l'année : sur demande

Doge Hotel €€

Au cœur de la vieille ville, vous trouverez dans cet hôtel de charme de vastes chambres caractéristiques des maisons vénitiennes. Tommettes au sol, lits à baldaquin, meubles en bois brun : rien n'est laissé au hasard pour vous séduire. Comptez 60-90€ pour un studio et 50-70€ pour une double.

Kondilaki 14 (Kasteli)

OFF Hotel €€€

Niché dans une rue calme, cet hôtel de charme évacue efficacement stress et tensions. Dans une demeure du 18e s., le propriétaire, peintre et sculpteur, a signé une décoration respectueuse de l'environnement. Autour d'un jardin, 5 chambres superbes de 75 à 135€. Somptueux petits déjeuners (inclus).

Antoniou Gaba 32 Chania ☎ 2821 07 55 20 www.hotel-off.com ◷ Tte l'année.

La Maison ottomane €€€

Cette adresse hors norme est un brillant hommage au raffinement des palais ottomans. Vous serez reçu en hôte de marque dans l'une des

3 suites : Constantinople (50m² sur 2 niveaux), Aïsha (avec terrasse) et Roxelane (avec sa baignoire pour deux). De 100 à 300€ selon le confort et la saison, petit déjeuner compris.

Parodos Kanevarou 32 Chania 📱2821 00 87 96 ou 6975 71 39 73 http://lamaisonottomane.com

Samonas Traditionnal Villas €€€

À 400m d'altitude et à 25km de la mer, un ensemble de maisons de pierre a été rénové dans le petit village de Samonas. Adossées au flanc d'une colline, ces maisonnettes (2 à 4 pers.) offrent une décoration soignée de style traditionnel et des vues panoramiques. Les plus : une piscine, un café "villageois", une salle de fitness, des VTT et des excursions personnalisées. Comptez de 125 à 225€, selon confort.

Apokoronas (32km de Chania) 📱6986 78 30 30 www.samonas.gr 🕒 Avr.-oct.

KISSAMOS

Bikakis Family €€

À Kissamos, la famille Bikakis a été la première à y louer des chambres et à organiser des randonnées guidées. Profitez de leur expérience, de leur hospitalité et de leurs 4 studios, 12 chambres et 3 appartements. Studios très bien tenus avec vue sur la baie de 40 à 60€, selon la saison.

Polemiston 1941 Kissamos 📱2822 02 21 05 ou 6972 95 57 77 www.familybikakis.gr www.kissamosbooking.gr

Sunset €

Treize chambres (avec réfrigérateur, balcon sur la mer : 35-40€), 6 appartements pour 5 pers. (60-65€) et 4 charmantes maisonnettes (2 pièces, balcon, cuisine et cheminée pour 160-180€). La taverne de l'hôtel dispose d'une belle terrasse ombragée de figuiers où prendre son petit déjeuner (5-10€) devant la mer.

Falassarna (à 14km de Kissamos) 📱2822 04 12 04 ou 2822 02 21 55 (hiver) www.sunset.com.gr 🕒 Avr.-début nov.

PALEOCHORA

Anonymous ♥€

Cette belle maison en pierre, sobre mais chaleureuse, donne sur un jardin luxuriant où les enfants jouent librement. Sept chambres climatisées (2-3 pers.) avec leur propre salle de bains à 30€. Un rapport qualité-prix imbattable.

En plein centre Paleochora 📱2823 04 15 09 ou 2823 04 20 98 www.anonymoushomestay.com 🕒 Mars-nov.

Castello €

Une pension située à l'extrémité sud de la plage, là où l'atmosphère est la plus intime. Les 10 chambres possèdent toutes une salle de bains et un balcon, certaines donnant sur la mer et le soleil couchant. De 35 à 40€, selon la situation ; appartement pour 5-6 pers. à 50-60€ ; petit déjeuner 4,50-6,80€.

À l'extrémité sud de Pachia Ammos Paleochora 📱2823 04 11 43 🕒 Fin mars-début nov.

Niki Rooms €

Rien ne distingue l'adresse sinon un discret *"Rooms to let"*. Enfoui sous les bougainvillées, l'établissement propose 3 chambres (1 double, 2 triples). Sommairement meublées, mais propres et bien équipées (salle de douche, minibar, clim. et wifi), elles se partagent une cuisine. Comptez 40€.

Au pied de la forteresse vénitienne, près de l'extrémité sud de Pachia Ammos Paleochora 📱2823 04 11 49 ou 6974 74 61 11

Kalypso Apartements & Studios ♥€

La meilleure adresse de Paleochora, dans l'une des rares demeures anciennes de la ville. L'intérieur est remarquable : vastes et harmonieux volumes, carreaux de terre cuite, boiseries soignées, etc. D'emblée, on se sent bien dans cette pension tenue par l'irremplaçable Marianna Protopapadaki. Trois chambres et 3 studios à 50€, un cadeau !

Juste en face de la Banque coopérative de Chania Paleochora 2823 04 14 29 ou 2821 05 55 26 (hiver) www.kalypso-paleochora.gr Mi-mai-fin oct.

GORGES DE SAMARIA

Hôtel-restaurant Exari €

Vingt-quatre chambres bien équipées avec salle de bains et TV pour 30-40€, 60€ l'hiver, petit déjeuner 5€. Le patron pourra vous emmener dans son minibus jusqu'au départ de la randonnée des gorges.

Omalos 2821 06 71 80 ou 6947 12 10 50 www.exari.gr Avr.-oct. : tlj. ; hiver : w.-e.

Pension-restaurant Paralia €

À deux pas de la plage, 9 chambres (clim., réfrigérateur) avec balcon, neutres mais fonctionnelles et confortables, pour 30-35€. Petit déjeuner 4-8€. Le restaurant sert du poisson frais de bonne qualité à prix doux sur des tables nichées dans la verdure.

Un peu au-dessus de la plage, près du guichet du débarcadère Agia Roumeli 2825 09 14 08 Avr.-oct.

CHORA SFAKION

Taverna Babis et Popi €

Adresse polymorphe et très sympathique. Côté courses : une supérette. Côté hébergement : 7 studios à 45€, 10 chambres à 25-30€ à louer dans la maison-mère aux volets bleus, et, à deux pas : 4 appartements pour 4-6 pers. (60-70€). Côté taverne : une bonne cuisine traditionnelle à prix sages.

Rue principale, avant la forteresse, sur la droite Frangokastello (15km de Chora Sfakion) 2825 09 20 93 ou 6945 23 18 97 www.babis-popi.com Fin mars-fin oct.

Madares ♥€

Une de nos adresses préférées de la région, pour la qualité de l'hébergement et la gentillesse du patron. Quarante chambres doubles ou familiales de bon confort (clim., salle de bains, réfrigérateur), dotées pour la plupart de grandes terrasses tournées vers la baie de Loutro. Comptez entre 35 et 50€ la double selon la saison et 50 à 60€ pour les familiales. Certaines chambres possèdent une cuisinette.

Sur le port de Loutro (50km de Chora Sfakion par la route, mais à 20min de bateau) 2825 09 11 66 ou 6982 04 77 60 Avr.-début nov.

INDEX

NOTES

Crédits photographiques

ILLUSTRATION RÉALISÉE EN PARTENARIAT AVEC hemis-Fr

Couverture - © Istock/Getty Images **4e** -© Pawel Kazmierczak/Shutterstock.com **3** - © Franck Guiziou/hemis.fr **4** - haut gauche © Franck Guiziou/hemis.fr haut droite © Jean-Pierre Degas/hemis.fr bas gauche © Franck Guiziou/hemis.fr bas droite © Patrick Escudero/hemis.fr **Reportage** Mathieu Martin Delacroix **18** - © Korpithas/Shutterstock.com **22** - © Richard Soberka/hemis.fr **23** - haut © Bertrand Gardel/hemis.fr bas © Franck Guiziou/hemis.fr **24** - haut et bas © Franck Guiziou/hemis.fr **25** - © Jon Arnold Images/hemis.fr **26** - © Franck Guiziou/hemis.fr **27** - haut © Franck Guiziou/hemis.fr bas © Jon Arnold Images/hemis.fr **28** - haut et bas © Franck Guiziou/hemis.fr **29** - © Jon Arnold Images/hemis.fr **30** - © Franck Guiziou/hemis.fr **33** - © Franck Guiziou/hemis.fr **34** - © Franck Guiziou/hemis.fr **36** - © Franck Guiziou/hemis.fr **37** - © Franck Guiziou/hemis.fr **39** - © Franck Guiziou/hemis.fr **40** - © Efesenko/Shutterstock.com **41** - © Efesenko/Shutterstock.com **43** - © Franck Guiziou/hemis.fr **44** - © Franck Guiziou/hemis.fr **45** - © Jon Arnold Images/hemis.fr **50** - haut © Franck Guiziou/hemis.fr bas © Bertrand Gardel/hemis.fr **51** - haut et bas © Franck Guiziou/hemis.fr **53** - © Jon Arnold Images/hemis.fr **54** - DR **55** - © Franck Guiziou/hemis.fr **57** - © Franck Guiziou/hemis.fr **59** - © Franck Guiziou/hemis.fr **61** - © Jon Arnold Images/hemis.fr **62** - © Jean-Pierre Degas/hemis.fr **65** - © Franck Guiziou/hemis.fr **66** - © Franck Guiziou/hemis.fr **69** - © Luis Santos/Shutterstock.com **70** - © Eliott Slater/hemis.fr **73** - © Hercules Milas/Alamy/hemis.fr **75** - © Hackenberg-Photo/Alamy/hemis.fr **76** - © Christian Heeb/hemis.fr **79** - © Jon Arnold Images/hemis.fr **81** - © Hercules Milas/Alamy/hemis.fr **82** - © Karl W. Wegmann/Alamy/hemis.fr **84** - © Franck Guiziou/hemis.fr **88** - haut © Robert Harding / hemis.fr bas © Franck Guiziou/hemis.fr **89** - © Franck Guiziou/hemis.fr **90** - © Franck Guiziou/hemis.fr **91** - © Franck Guiziou/hemis.fr **92** - DR **93** - © Franck Guiziou/hemis.fr **95** - © Graham Bell Travel/Alamy/hemis.fr **97** - © Bertrand Gardel/hemis.fr **98** - © Franck Guiziou/hemis.fr **101** - © Leonid Serebrennikov/Alamy/hemis.fr **103** - © Hercules Milas/Alamy/hemis.fr **105** - © Franck Guiziou/hemis.fr **106** - © Hercules Milas/Alamy/hemis.fr **108** - © Minadezhda/Shutterstock.com **111** - © Franck Guiziou/hemis.fr **113** - © Franck Guiziou/hemis.fr **114** - © Franck Guiziou/hemis.fr **116** - © Jon Arnold Images/hemis.fr **119** - © Franck Guiziou/hemis.fr **120** - © Jon Arnold Images/hemis.fr **124** - haut et bas © Franck Guiziou/hemis.fr **125** - © Franck Guiziou/hemis.fr **126** - © Franck Guiziou/hemis.fr **127** - © Franck Guiziou/hemis.fr **128** - DR **129** - © Georgio Tsichlis/Schutterstock.fr **131** - © Franck Guiziou/hemis.fr **132** - © Franck Guiziou/hemis.fr **135** - © Jean-Pierre Degas/hemis.fr **136** - © Panagiotis Karapanagiotis/Alamy/hemis.fr **139** - © Viktorila Adamshuk/Shutterstock.com **141** - © Mildax/Shutterstock.com **142** - © Franck Guiziou/hemis.fr **145** - © Franck Guiziou/hemis.fr **146** - © Georgio Tsichlis/Schutterstock.fr **148** - © Franck Guiziou/hemis.fr **152** -haut © Franck Guiziou/hemis.fr bas gauche © Jean-Pierre Degas/hemis.fr bas droite © Imagebroker/hemis.fr **153** - haut © Robert Dziewulski/Alamy/hemis.fr bas © Jon Arnold Images/hemis.fr **154** - © Franck Charton/hemis.fr **155** - © Franck Guiziou/hemis.fr **156** - DR **157** - © Jean-Pierre Degas/hemis.fr **159** - © Jon Arnold Images/hemis.fr **160** - © Richard Soberka/hemis.fr **163** - © Jean-Pierre Degas/hemis.fr **164** - © Jean-Pierre Degas/hemis.fr **167** - © Ingolf Pompe/hemis.fr **169** - © Franck Guiziou/hemis.fr **170** - © Alison Thompson/Alamy/hemis.fr **173** - © Steve Outram/Alamy/hemis.fr **175** - © Bertrand Gardel/hemis.fr **176** - © Franck Guiziou/hemis.fr **177** - © Roland Knauer/Alamy/hemis.fr **178** - © Fanfo /Shutterstock.com **181** - © Christian Heeb/hemis.fr **182** - © Robert Dziewulski/Alamy/hemis.fr **183** - © Bertrand Gardel/hemis.fr **185** - © Robert Harding/hemis.fr **187** - © Jon Arnold Images/hemis.fr **188** - © Franck Guiziou/hemis.fr **191** - © Bertrand Gardel/hemis.fr **192** - © Franck Guiziou/hemis.fr **195** - © Tuul et Bruno Morandi/hemis.fr **196** - © Patrick Escudero/hemis.fr **199** - © Franck Guiziou/hemis.fr **200** - © Jean-Pierre Degas/hemis.fr **202** - © Jon Arnold Images/hemis.fr **203** - © Jon Arnold Images/hemis.fr **205** - © Patrick Frilet/hemis.fr **207** - © Astudio /Shutterstock.com **208** - © Franck Guiziou/hemis.fr **210** - © Jean-Pierre Degas/hemis.fr **224** - © Patrick Escudero/hemis.fr

Crète

Auteurs Pierre Guitton, Sophie Launay
Martin Angel, Celia Benisty, Christiana Charalampopoulou, Elena Karachontziti, Mathilde Nobilet
Reportage Texte Lola Saba **Photo** Mathieu Martin Delacroix

Édition
Responsable éditoriale Virginie Maubourguet
Éditeurs Christina Beckers, Anne-Valérie Cadoret, Pierre-Yves Mercier
Directeur artistique Yann Le Duc
Maquette Karelle Juglar
Iconographe Anaïck Bourhis

Conception graphique Elhadi Yazi
Mise en page David Alazraki
Infographie et cartographie Stéphane Jungers

Remerciements
Pour le reportage à la famille Paraschakis pour son accueil chaleureux et à Sophie Launay
Et aussi pour leur aide précieuse à Jean-François Vidal et Katia Zoritch

Publicité Régie publicitaire KETIL Media 76, bd de la République 92100 Boulogne-Billancourt
Responsable de clientèle Vincent Buffin Tél. 01 78 90 11 40

Gallimard Loisirs 5, rue Gaston-Gallimard 75328 Paris Cedex 07
Tél. 01 49 54 42 00 contact@geo-guide.fr www.geo-guide.fr
La collection GEOGuide a été créée en association entre Prisma Presse/GEO et Gallimard Loisirs

Numéro d'édition 318399 - ISBN 978-2-74-244955-2
Impression Lego (Italie) **Photogravure** Nord Compo (Villeneuve-d'Ascq)

Avis aux GEOVoyageurs Entre l'enquête faite sur le terrain et la parution du guide, les établissements proposés peuvent avoir disparu et certaines informations peuvent avoir été modifiées : n'hésitez pas à nous faire part de vos commentaires et de vos corrections à l'adresse contact@geo-guide.fr !

Cartes

- Autoroute et 2x2 voies
- Route principale
- Route secondaire
- Autre route
- Zone urbaine
- Liaison maritime
- ● Site remarquable
- ▲ Sommet
- Point de vue
- Tunnel, col, défilé

- Aéroport
- Gare maritime
- Gîte de montagne
- Plage
- ★ Incontournable

Profondeur (en mètres)
- Plus de 500
- De 500 à 200
- Moins de 200

Altitude (en mètres)
- De 0 à 200
- De 200 à 500
- De 500 à 1 000
- De 1 000 à 2 000
- Plus de 2 000